I0542658

czytamy
w oryginale
**wielkie
powieści**

Czytamy w oryginale

Jerome K. Jerome
Three Men in a Boat
Trzech panów w łódce

Autor adaptacji:
Jan Edward Transue

Tłumaczenie adaptacji na język polski:
Redakcja

Projekt graficzny i ilustracje: Małgorzata Flis

Skład: Marek Szwarnóg

wydawnictwo 44.pl

Global Metro Sp. z o.o.
ul. Juliusza Lea 231
30-133 Kraków

Druk i oprawa: OSDW Azymut Sp. z o.o.

ISBN: 978-83-63035-30-3

czytamy
w oryginale

Jerome K. Jerome

Three Men in a Boat
Trzech panów w łódce

adaptacja w wersji angielsko-polskiej

wydawnictwo
44.pl

I. WHAT WE NEED IS REST!

There were four of us – George, William Samuel Harris, myself and Montmorency. We were sitting in my room and talking about how bad we were – bad from a medical point of view I mean, of course.

We were all feeling terrible, and we were getting quite nervous about it. Harris and George said they hardly knew what they were doing at times. With me, it was my liver that was out of order. I knew it was my liver that was out of order, because I had just been reading an article which described the various symptoms by which a man could tell when his liver was out of order. I had them all.

I. POTRZEBUJEMY ODPOCZYNKU!

Było nas czterech: George, William Samuel Harris, ja i Montmorency. Siedzieliśmy w moim pokoju i rozmawialiśmy o tym, jak było z nami kiepsko – kiepsko z medycznego punktu widzenia, oczywiście.

Czuliśmy się wszyscy fatalnie i przyprawiało nas to o coraz większy niepokój. Harris i George twierdzili, że są chwile, kiedy kompletnie nie wiedzą, co się z nimi dzieje. U mnie szwankowała wątroba. Wiedziałem, że to właśnie wątroba, gdyż byłem świeżo po lekturze artykułu opisującego różnorakie symptomy, za pomocą których można stwierdzić, kiedy wątroba szwankuje. Miałem je wszystkie.

It is an extraordinary thing, but I never read a medicine article without coming to the conclusion that I have the particular disease written about in the article.

I remember going to the British Museum one day to read about some illness which I had. I got down the book and read all I could. Then I kept reading about other diseases. I forget which was the first disease I read about, but before I had read halfway down the list of symptoms, I was positive that I had got it.

Every disease I came to, I found that I had in some form or another. I read through the whole book, and the only illness I found that I had not got was housemaid's knee.

I had walked into that reading-room a happy, healthy man. I crawled out a horrible wreck.

I went straight to my doctor and saw him, and he said: "Well, what's the matter with you?"

I said: "I will not take up your time telling you what is the matter with me. Life is short, and you might pass away before I have finished. But I will tell you what is NOT the matter with me. I have not got housemaid's knee. Why I have not got housemaid's knee, I cannot tell you. Everything else, however, I HAVE got."

And I told him how I came to discover it all.

Then he examined me and held my wrist, and then he hit me on the chest when I wasn't expecting it – a cowardly thing to do, I call it. After that, he sat down, wrote out a prescription, folded it up and gave it to me. I put it in my pocket and went out.

I took it to the nearest chemist's and handed it in. The man read it and then handed it back.

He said: "I am a chemist. If I was a store and family hotel combined, I might be able to help you. But I'm only a chemist."

I read the prescription. It said:

"1 pound beefsteak, with

1 pint bitter beer every 6 hours.

1 ten-mile walk every morning.

1 bed at 11 sharp every night.

And don't fill your head with things you don't understand."

To niesamowite, ale za każdym razem, gdy czytałem jakiś medyczny artykuł, dochodziłem do wniosku, że mam właśnie tę konkretną chorobę, o której jest w nim mowa.

Pamiętam, jak pewnego dnia udałem się do British Museum, żeby poczytać o pewnej chorobie, na którą cierpiałem. Przeczytałem wszystko, co znalazłem na jej temat, po czym zacząłem czytać o innych dolegliwościach. Nie pamiętam, jaka była pierwsza, ale zanim dotarłem do połowy listy prezentującej jej objawy, byłem absolutnie pewien, że ją mam.

Uświadomiłem sobie że cierpię – w tej czy innej formie – na każdą z opisanych chorób. Przy końcu książki stwierdziłem, że jedyną, której nie mam, jest zapalenie rzepki kolanowej.

Wchodząc do czytelni byłem szczęśliwym i zdrowym człowiekiem. Wyczołgałem się stamtąd jako zupełny wrak.

Poszedłem prosto do mojego lekarza i gdy ten zapytał: „Co panu dolega?", odpowiedziałem:

– Nie będę zajmował panu czasu opowiadaniem, co mi dolega. Życie jest krótkie i może pan odejść do wieczności, zanim skończę. Ale powiem panu, co mi NIE dolega. Otóż nie dolega mi zapalenie rzepki kolanowej. Nie jestem w stanie panu powiedzieć, dlaczego nie mam tej choroby, wszystkie pozostałe jednakże MAM.

I opowiedziałem mu, w jakich okolicznościach to odkryłem.

Doktor zbadał mnie, sprawdził mi puls, po czym uderzył mnie w klatkę piersiową w momencie, gdy najmniej się tego spodziewałem, co nazwałbym zachowaniem co najmniej tchórzliwym. Następnie usiadł, wypisał receptę, po czym wręczył mi ją, uprzednio złożywszy. Wsadziłem ją do kieszeni i wyszedłem.

Udałem się do najbliższej apteki i wręczyłem receptę aptekarzowi. Ten przeczytał ją, po czym oddał mi ją z powrotem.

– Jestem aptekarzem. Gdybym był sklepem spożywczym połączonym z hotelem rodzinnym, byłbym w stanie panu pomóc. Ale jestem tylko aptekarzem.

Przeczytałem receptę. Oto co było tam napisane:

„1 funt befsztyka i pół litra piwa co sześć godzin

1 dziesięciomilowy spacer każdego ranka

1 pójście spać punktualnie o 11 co wieczór

I nie zaprzątanie sobie głowy sprawami, o których nie ma się pojęcia."

Going back to my liver, I had the symptoms, beyond all mistake, the main one being "a general disinterest in work of any kind".

As a boy, the disease hardly ever left me for a day. They did not know, then, that it was my liver. They used to just call it laziness.

"Why, you little devil, you," they would say, "get up and do something for your living, can't you?" – not knowing, of course, that I was ill.

And they didn't give me pills; they just hit me on the side of the head. And, strange as it seems, those hits on the head often cured me – for a short while, anyway.

We sat there for half-an-hour, describing to each other our illnesses, when Mrs. Poppets knocked at the door to find out if we were ready for supper. We smiled sadly at one another, and said we supposed we had better try to eat a bit.

"What we want is rest," said Harris after supper.

Ale wróćmy do mojej wątroby. Otóż miałem, bez wątpienia, wszystkie objawy, z których głównym był „brak zainteresowania pracą jakiegokolwiek rodzaju".

Gdy byłem chłopcem, choroba prawie nigdy mnie nie opuszczała. Nikt wtedy nie wiedział, że chodziło o wątrobę. Nazywano to lenistwem.

– Dlaczego, mały diable, nie wstaniesz i nie zabierzesz się do jakiejś roboty? – mówiono, nie wiedząc, oczywiście, że byłem chory.

I nie dawano mi żadnych lekarstw, po prostu obrywałem czasami w głowę. I, co dziwne, te uderzenia często mi pomagały – na bardzo krótko, co prawda.

A więc siedzieliśmy u mnie w pokoju już od pół godziny, opisując sobie nawzajem swoje choroby, kiedy pani Poppets zapukała do drzwi, żeby sprawdzić, czy jesteśmy gotowi do kolacji. Uśmiechnęliśmy się smutno do siebie i stwierdziliśmy, że powinniśmy spróbować coś zjeść.

– Potrzebujemy odpoczynku – powiedział Harris po kolacji.

"Rest and a complete change," said George, "this will make us feel better."

I agreed with George and suggested that we should look for some quiet spot, far from the crowds.

Harris said he thought it would be boring and suggested a sea trip instead.

I objected to the sea trip strongly. A sea trip does you good when you are going to have a couple of months of it, but, for a week, it is horrible. You start on Monday with the idea that you are going to enjoy yourself. On Tuesday, you wish you hadn't come. On Wednesday, Thursday, and Friday, you wish you were dead. On Saturday, you are able to drink a little tea and to sit up on deck. On Sunday, you begin to walk about again and eat solid food. And on Monday morning, as you are waiting to step ashore, you begin to thoroughly like it.

George said: "Let's go up the river."

He said we should have fresh air, exercise and quiet. The constant change of scene would occupy our minds (including what there was of Harris's), and the hard work would give us a good appetite and make us sleep well.

Harris said he didn't think George ought to do anything that would make him sleepier than he always was, as it might be dangerous. He added that if he DID sleep any more, he might just as well be dead.

Harris said, however, that the river would suit him to a "T". I don't know what a "T" is, but it seems to suit everybody.

The only one who was not happy with the suggestion was Montmorency. He never did care for the river.

"It's all very well for you fellows," he says. "You like it, but I don't. There's nothing for me to do. If I see a rat, you won't stop, and if I go to sleep, you'll go fooling about with the boat and throw me overboard. If you ask me, I call the whole thing foolish."

We were three to one, however, and the motion was carried.

We arranged to start on the following Saturday from Kingston. Harris and I would go down in the morning and take the boat up to Chertsey, and George, who would not be able to get away from work till the afternoon (George goes to sleep at a bank

– Odpoczynku i całkowitej odmiany – dodał George. – To sprawi, że lepiej się poczujemy.

Zgodziłem się z George'em i zaproponowałem, że powinniśmy poszukać jakiegoś spokojnego miejsca, z dala od tłumów.

Harris uznał, że to byłoby nudne i zasugerował podróż morską.

Podróż morska wzbudziła mój zdecydowany sprzeciw. Ma zbawienne działanie, gdy możesz na nią poświęcić kilka miesięcy; gdy trwa tydzień, jest czymś okropnym. Zaczynasz w poniedziałek, przekonany, że będziesz się dobrze bawił. We wtorek żałujesz, że się zdecydowałeś. We środę, czwartek i piątek wolałbyś nie żyć. W sobotę jesteś już w stanie wypić trochę herbaty i usiąść na pokładzie. W niedzielę zaczynasz się znów poruszać i jesteś w stanie zjeść solidny posiłek. A w poniedziałek rano, kiedy masz już schodzić na brzeg, zaczyna ci się to naprawdę podobać.

– Popłyńmy w górę rzeki – rzucił George.

Powiedział, że potrzebne jest nam świeże powietrze, ruch i spokój. Ciągła zmiana scenerii zajmie nasze umysły (łącznie z tym, co zamiast umysłu posiada Harris), a ciężka praca zapewni nam dobry apetyt i mocny sen.

Harris odpowiedział, iż nie sądzi, aby George potrzebował czegokolwiek, co uczyni go jeszcze bardziej śpiącym, gdyż może to być niebezpieczne. Dodał, że gdyby George rzeczywiście spał jeszcze więcej, mógłby równie dobrze być martwy.

Mimo to Harris stwierdził, że pomysł z rzeką odpowiada mu na „T". Nie mam pojęcia, co oznacza „T", ale wydaje się, że jest to coś, co pasuje wszystkim.

Jedynym spośród nas, którego nie uszczęśliwił ten pomysł, był Montmorency. Nigdy nie obchodziła go rzeka.

– To jest dobre dla was, chłopaki – powiedział. – Wam się to podoba, mnie nie. Nie ma tam dla mnie nic do roboty. Gdy zobaczę szczura, nie zatrzymacie się, a kiedy zasnę, zaczniecie się wygłupiać i wyrzucicie mnie za burtę. Jeśli chodzi o mnie, to cały ten pomysł jest głupi.

Było jednak trzy do jednego i wniosek został przyjęty.

Ustaliliśmy, że wyruszymy w najbliższą sobotę z Kingston. Harris i ja zabierzemy z rana łódź do Chertsey, a George, który będzie mógł wyjść z pracy dopiero po południu (George idzie do banku i śpi tam

from ten to four each day, except Saturdays, when they wake him up and make him leave at two), would meet us there.

Should we "camp out" or sleep at inns?

George and I were for camping out. We said it would be so wild and free – the golden sun fading as it sets; the pale stars shining at night; and the moon throwing her silver arms around the river as we fall asleep to the sound of the water.

Harris said: "How about if it rains?"

There is no poetry about Harris. Harris never "weeps, he knows not why". If Harris's eyes fill with tears, you can bet it is because Harris has been eating raw onions.

If you were to stand at night by the sea-shore with Harris, and say: "Hark! do you not hear? Is it but the mermaids singing deep below the waving waters?" Harris would take you by the arm, and say: "I know what it is; you've got a chill. Now, you come along with me. I know a place round the corner here, where you can get a drop of the finest Scotch whisky you ever tasted – put you right in no time."

Harris always knows a place round the corner where you can get something to drink.

As for to camping out, his practical view of the matter was a good point. Camping out in rainy weather is not pleasant.

It is evening. You are completely wet, and there is a good two inches of water in the boat. You find a place on the banks that is not quite so wet as other places you have seen, and you land and pull out the tent, and two of you begin to put it up.

It is completely wet, and it flops about and falls down on you and makes you mad. At last, somehow or other, it does get up, and you get the things out of the boat.

Rainwater is the main part of supper. The bread is two thirds rainwater, the beefsteak-pie is full of it, and the jam, butter, salt and coffee have all become soup.

After supper, you find your tobacco is wet, and you cannot smoke. Luckily you have a bottle of the stuff that cheers you up, if taken in proper quantity, and this helps you to go to bed.

od dziesiątej do czwartej, codziennie z wyjątkiem sobót, kiedy budzą go wcześniej i wychodzi o drugiej), spotka się tam z nami.

Czy powinniśmy biwakować, czy spać w zajazdach?

George i ja byliśmy za biwakowaniem. Byłoby tak dziko i swobodnie – złociste słońce, które blednie zachodząc; gwiazdy świecące jasno w nocy i księżyc rozpościerający swoje srebrne ramiona wokół rzeki, podczas gdy my zasypiamy przy dźwięku wody.

– A co, jeśli będzie padać? – zapytał Harris.

W Harrisie nie ma ani odrobiny poezji. Harris nigdy nie płacze, nie wiadomo dlaczego. Gdy ma łzy w oczach, można się założyć, że właśnie jadł surową cebulę.

Gdybyś stanął z Harrisem w nocy na brzegu morza i zapytał: „Słuchaj! Czy to nie syreny śpiewają głęboko pod powierzchnią falujących wód?”, on wziąłby cię pod rękę i odpowiedział: „Wiem, co ci jest; przeziębiłeś się. Chodź ze mną, znam miejsce tu za rogiem, gdzie możesz się napić odrobinę szkockiej whisky, najlepszej, jaką kiedykolwiek próbowałeś. Szybko postawi cię na nogi.”

Harris zawsze zna miejsce za rogiem, gdzie można się czegoś napić.

A co do biwakowania, jego praktyczny pogląd na tę sprawę okazał się słuszny. Biwakowanie w czasie deszczu nie należy do przyjemności.

Jest wieczór. Jesteście kompletnie przemoczeni, a woda pokrywa dno łódki na dobre dwa cale. Znajdujecie miejsce na brzegu, które jest trochę mniej mokre niż inne miejsca, które do tej pory widzieliście, więc przybijacie do brzegu, wyciągacie namiot i dwóch z was próbuje go rozbić.

Namiot jest całkiem mokry i nie daje się go ustawić. Płótno zwisa i spada na was, doprowadzając was do szału. W końcu, w ten czy inny sposób, jakoś utrzymuje się w pozycji pionowej i zaczynacie wynosić rzeczy z łódki.

Głównym daniem kolacji jest deszczówka. Chleb w dwóch trzecich jest deszczówką, pieróg z wołowiną jest jej pełen, a dżem, masło, sól i kawa zamieniły się w zupę.

Po kolacji odkrywacie, że tytoń jest mokry i nie możecie sobie zapalić. Na szczęście macie butelkę czegoś co was rozweseli, jeśli tylko jest skonsumowane w odpowiedniej ilości, i co pomoże wam usnąć.

We therefore decided that we would sleep out on fine
nights and sleep in hotels, inns or pubs when it was wet, or
when we wanted a change.

Montmorency approved. He does not like the quiet. Give
him something noisy, and he is happy. To look at Montmorency you would imagine that he was an angel sent to earth
in the shape of a small fox-terrier.

When first he came to live with me, I used to look at him
and think: "Oh, that dog will never live."

But, when I had paid for about a dozen chickens that
he had killed, and had pulled him, growling and kicking,
out of a hundred and fourteen street fights, and had had
a dead cat brought round for my inspection by an angry
female, who called me a murderer, then I began to think
that maybe he'd live a bit longer.

The following evening, we again got together to discuss
and arrange our plans. Harris said:

„The first thing to settle is what to take with us. Now,
you get a bit of paper and write down, J., and you get the
grocery catalogue, George, and somebody give me a bit of
pencil, and then I'll make out a list."

That's Harris – so ready to take the responsibility of everything himself, and put it on the backs of other people.

He always reminds me of my poor Uncle Podger. You
never saw such a commotion in all your life as when my
Uncle Podger did a job round the house. A picture would
need to be put up, and Uncle Podger would say:

„Oh, you leave that to ME. Don't you worry about that.
I'LL do all that."

And then he would take off his coat and begin. After
an hour or more of cutting himself, breaking the glass in
the frame, dropping the hammer and nails, smashing his
thumb, and shouting at everyone around him, the picture
would finally be put up.

Harris will be just that sort of man when he grows up.

The first list we made out had to be thrown away. It was
clear that the Thames wasn't large enough for a boat as big
as we would need.

George said: "We must not think of the things we could
do with, but only of the things that we can't do without."

Zdecydowaliśmy zatem, że będziemy spać na dworze w pogodne noce i zatrzymywać się w hotelach, zajazdach i pubach, kiedy będzie mokro lub kiedy zapragniemy jakiejś odmiany.

Montmorency zaaprobował naszą decyzję. Nie lubi ciszy. Wystarczy dać mu coś hałaśliwego, a jest szczęśliwy. Patrząc na niego, łatwo sobie wyobrazić, że jest aniołkiem zesłanym na ziemię w postaci małego foksteriera.

Na początku naszego wspólnego życia często patrzyłem na Montmorency'ego, myśląc: „Ten pies nie pożyje długo".

Kiedy jednak zapłaciłem za tuzin kurcząt, które zabił, wyciągnąłem go, warczącego i kopiącego, ze stu czternastu ulicznych walk i dokonałem oględzin martwego kota, przyniesionego mi przez wściekłą właścicielkę, która nazwała mnie mordercą, zacząłem myśleć, że – być może – Montmorency pożyje trochę dłużej.

Następnego wieczoru zebraliśmy się znów, żeby przedyskutować i opracować nasze plany. Harris rozpoczął naradę:

– Najpierw musimy się zastanowić, co ze sobą zabieramy. J., weź kartkę papieru i notuj, a ty, George, przynieś katalog sklepu spożywczego. I niech ktoś mi da kawałek ołówka, to zrobię listę.

Cały Harris – zawsze gotowy, żeby wziąć na siebie odpowiedzialność za wszystko, a następnie zepchnąć ją na innych.

Zawsze przypomina mi mojego biednego Wujka Podgera. W życiu nie widzieliście takiego zamieszania, jak wtedy, gdy Wujek Podger zabierał się za jakąś pracę w domu. Należało, na przykład, zawiesić obraz. Wujek Podger stwierdzał: „Och, zostawcie to MNIE. Nie przejmujcie się tym. JA to zrobię".

Następnie zdejmował płaszcz i zabierał się do pracy. Po godzinie – lub dłużej – kiedy to Wujek zdążył się skaleczyć, rozbić szklaną ramę, kilkakrotnie upuścić młotek i gwoździe, zmiażdżyć sobie kciuk i nawrzeszczeć na wszystkich dokoła, obraz w końcu zawisał na ścianie.

Harris będzie dokładnie taki sam, kiedy dorośnie.

Pierwsza sporządzona przez nas lista musiała zostać wyrzucona. Było jasne, że Tamiza jest zbyt mała na tak ogromną łódź, jaka byłaby nam potrzebna.

– Nie wolno nam myśleć o rzeczach, które by się nam przydały. Musimy myśleć o tym, bez czego nie możemy się obejść – powiedział George.

George comes out really quite sensible at times. You'd be surprised.

"We won't take a tent," suggested George. "We will have a boat with a cover. It is ever so much simpler and more comfortable."

It seemed a good thought. I do not know whether you have ever seen the thing I mean. You fix iron hoops up over the boat, and throw a huge canvas over them, and tie it down all round, and it converts the boat into a sort of little house.

George said that we must take a rug each, a lamp, some soap, a brush and comb (between us), a toothbrush (each), a basin, some toothpaste, some shaving tackle (sounds like a French exercise, doesn't it?), and a couple of big-towels for bathing. I notice that people always make gigantic arrangements for bathing when they are going anywhere near the water, but that they don't bathe much when they are there.

Harris said there was nothing like a swim before break-fast to give you an appetite. He said it always gave him an appetite. George said that if it was going to make Harris eat more than Harris ordinarily ate, then Harris shouldn't have a bath at all.

He said there would be quite enough hard work in towing enough food for Harris up stream as it was.

I told George, however, how much better it would be to have Harris clean and fresh about the boat, even if we did have to take a few more hundredweight of food.

George czasami okazuje się całkiem rozsądny. Zdziwiliby-
ście się.

– Nie zabierzemy namiotu – zaproponował. – Weźmie-
my łódź z płóciennym zadaszeniem. To o wiele prostsze
i wygodniejsze.

Wydawało się to dobrym pomysłem. Nie wiem, czy kiedykolwiek widzieliście coś takiego. Mocuje się na łodzi meta-
lowe obręcze i narzuca się na nie płótno, związuje się je na
dole i w ten sposób łódka przekształca się w coś w rodzaju
małego domku.

George powiedział, że musimy wziąć pled (każdy), lampę,
mydło, szczotkę i grzebień (do podziału), szczoteczkę do
zębów (każdy), miskę, pastę do zębów, przybory do golenia
(brzmi jak ćwiczenie z francuskiego, prawda?) i kilka dużych ręczników kąpielowych. Zauważyłem, że ludzie zawsze
robią gigantyczne przygotowania kąpielowe, kiedy wybiera-
ją się w pobliże wody, a kiedy już tam dotrą, wcale się zbyt
często nie kąpią.

Harris stwierdził, że pływanie przed śniadaniem jest najlepszym sposobem na zwiększenie apetytu. Dodał, że u niego
zawsze powoduje to wzrost apetytu. George odparł, że Harris w ogóle nie powinien się kąpać, jeśli ma to sprawić, że
będzie jadł jeszcze więcej niż zwykle.

Stwierdził, że i bez tego będzie wystarczająco ciężko holować jedzenie dla Harrisa w górę rzeki.

Powiedziałem mu jednak, że o wiele lepiej będzie dla nas
mieć na łodzi czystego i świeżego Harrisa, nawet gdyby to
oznaczało zabranie kilku cetnarów jedzenia więcej.

II. DEPARTURE (EVENTUALLY)

Then we discussed the food question. George said: "Begin with breakfast." (George is so practical.) "Now for breakfast we shall want a frying-pan" – (Harris said we couldn't eat it, but we told him not to be an idiot) – "a tea-pot, a kettle and a small stove."

For other breakfast things, George suggested eggs and bacon, cold meat, tea, bread and butter and jam. For lunch we could have biscuits, cold meat, bread and butter and jam – but NO CHEESE. Cheese gets everywhere and gives a cheesy flavour to everything else there. You can't tell whether you are eating apple-pie, German sausage or strawberries and cream. It all seems cheese. There is too much odour about cheese.

I remember a friend of mine buying a couple of cheeses at Liverpool that you could smell for three miles and would knock a man over at two hundred yards. I was in Liverpool at the time, and my friend asked if I would take them back with me to London, as he had to stay for a day or two longer.

I got the cheeses and went to the train station. The train was crowded, and I had to get into a carriage where there were already seven other people. I got in, and, putting my cheeses upon the rack, sat down with a pleasant smile and said it was a warm day.

A few moments passed, and then an old gentleman began to move about. He and another man both began sniffing, and, without another word, they got up and went out. Then a large lady got up and gathered up her bags and went. The remaining four passengers sat on for a while until a man in the corner said it smelled like a dead baby. Then they all tried to get out of the door at the same time and hurt themselves.

II. NARESZCIE WYJAZD

Następnie przedyskutowaliśmy kwestię jedzenia.
– Zacznijmy od śniadania – powiedział George (George jest taki praktyczny). – Na śniadanie będzie nam więc potrzebna patelnia (Harris stwierdził, że patelni nie da się zjeść, ale powiedzieliśmy mu, żeby nie był idiotą), dzbanek do herbaty, czajnik i mała kuchenka.

Co do pozostałych rzeczy, to George zaproponował jajka i bekon, wędlinę, herbatę, chleb, masło i dżem. Na lunch możemy jeść herbatniki, wędlinę, chleb, masło i dżem, ale ŻADNEGO SERA. Ser dostaje się wszędzie i nadaje serowy posmak wszystkiemu, z czym się zetknie. Nie jesteś w stanie stwierdzić, czy jesz szarlotkę, niemiecką kiełbaskę czy truskawki ze śmietaną. Wszystko wydaje się być serem. Ser to zbyt śmierdząca sprawa.

Pamiętam, jak mój przyjaciel kupił w Liverpoolu kilka serów, które wyczuwało się na odległość trzech mil, i które były w stanie powalić człowieka z dwustu jardów. Byłem wtedy w Liverpoolu i przyjaciel zapytał, czy nie mógłbym zabrać serów do Londynu, bo musiał zostać tam jeszcze przez kilka dni.

Wziąłem sery i udałem się na dworzec. Pociąg był zatłoczony i musiałem wsiąść do przedziału, w którym było już siedem osób. Wsiadłem zatem i – położywszy moje sery na półce – zająłem miejsce z miłym uśmiechem i oznajmiłem, że ładny mamy dzień.

Upłynęło kilka chwil i pewien starszy pan zaczął się niespokojnie poruszać. Wraz z innym pasażerem zaczęli pociągać nosem, po czym, bez słowa, wstali i opuścili przedział. Potem sporych rozmiarów dama pozbierała swoje rzeczy i wyszła. Pozostali czterej pasażerowie siedzieli jeszcze chwilę, dopóki mężczyzna w rogu nie orzekł, że śmierdzi trupem. Wtedy wszyscy naraz rzucili się do wyjścia, i mocno się poturbowali.

From Crewe I had the compartment to myself, though the train was crowded. As we reached the different stations, the people, seeing my empty carriage, would rush for it. Then one would open the door and fall back into the arms of the man behind him. They would all come and have a sniff and then get into other carriages.

From Euston, I took the cheeses down to my friend's house and left them with his wife.

My friend was kept in Liverpool longer than he expected. Three days later, he still hadn't returned home, and his wife called on me.

"You think Tom would be upset," she asked, "if I gave a man some money to take the cheeses away and bury them?"

I answered that I thought he would never smile again.

"Very well, then," said my friend's wife, "I shall take the children and go to a hotel until those cheeses are eaten. I can't live any longer in the same house with them."

"We'll have a good meal at seven," said George. He suggested meat and fruit pies, tomatoes, fruit and green stuff. For drink, we took some lemonade, plenty of tea and a bottle of whisky, in case, as George said, we got upset.

The next day we got everything together and met in the evening to pack. We got big bags for the clothes and a couple of baskets for the food and the cooking equipment.

I said I'd pack.

Packing is one of those many things that I feel I know more about than any other person living. (It surprises me sometimes how many of these subjects there are.) George and Harris said they liked the suggestion very much. Then George lit a pipe and sat in the easy-chair, while Harris put his legs on the table and lit a cigar.

This was hardly what I intended. What I had meant, of course, was that I should boss the job, and that Harris and George should work under my directions. Nothing irritates me more than seeing other people sitting about doing nothing when I'm working.

However, I did not say anything, but started the packing. It seemed a longer job than I had thought it was going to be, but I got the bag finished at last.

"Aren't you going to put the boots in?" said Harris.

Od Crewe miałem cały przedział dla siebie, mimo że w pociągu był tłok. Kiedy zatrzymywaliśmy się na poszczególnych stacjach, ludzie, widząc pusty przedział, rzucali się do niego szturmem. Jeden z pasażerów otwierał drzwi i robił gwałtowny ruch w tył, wpadając na stojących za nim. Wszyscy wchodzili, pociągali nosem i przenosili się do innych przedziałów.

W Euston zaniosłem sery do domu przyjaciela, zostawiając je jego żonie.

Mój przyjaciel musiał zostać w Liverpoolu dłużej niż się tego spodziewał. Trzy dni później nie było go jeszcze w domu i jego żona zadzwoniła do mnie.

– Czy myślisz, że Tom bardzo się zmartwi, jeśli zapłacę komuś, żeby zabrał te sery i gdzieś je zakopał? – zapytała.

Odrzekłem, że według mnie nigdy już się nie uśmiechnie.

– Dobrze zatem – powiedziała. – Zabiorę dzieci i przeniosę się do hotelu, dopóki sery nie zostaną zjedzone. Nie mogę dłużej mieszkać z nimi w jednym domu.

– Porządny posiłek zjemy o siódmej – oznajmił George. Zaproponował mięso i ciasto owocowe, pomidory, owoce i zieleninę. Do picia wzięliśmy lemoniadę, herbatę w dużych ilościach i butelkę whisky, na wypadek gdyby, jak powiedział George, zrobiło się nam smutno.

Następnego dnia wieczorem spotkaliśmy się, aby wszystko zapakować. Wzięliśmy duże torby na ubrania i kilka koszyków na jedzenie i sprzęt kuchenny.

Powiedziałem, że zajmę się pakowaniem.

Pakowanie jest jednym z tych wielu zagadnień, o których wiem więcej niż jakakolwiek inna żyjąca istota. (Czasami mnie zaskakuje, jak wiele jest tych rzeczy). George i Harris stwierdzili, że bardzo im się ta propozycja podoba. George zapalił fajkę i zasiadł w głębokim fotelu, podczas gdy Harris położył nogi na stole i zapalił cygaro.

Zupełnie nie to miałem na myśli. Chodziło mi oczywiście o to, że ja będę kierował pracą wykonywaną przez George-'a i Harrisa. Nic nie irytuje mnie bardziej niż patrzenie, jak inni ludzie siedzą i nic nie robią w czasie, kiedy ja pracuję.

Nie odezwałem się jednak, ale rozpocząłem pakowanie. Zajęło to dłużej niż myślałem, lecz w końcu udało mi się skończyć jedną torbę.

– Nie zamierzasz wsadzić do środka butów? – zapytał Harris.

And I looked round and found I had forgotten them. That's just like Harris. He couldn't have said a word until I'd got the bag shut, of course.

I opened the bag and packed the boots in. Then, just as I was going to close it, a horrible idea occurred to me. Had I packed my toothbrush?

I had to take everything out now, and, of course, I could not find it. Then I found it inside a boot, and I repacked once more. After I had closed the bag, I found that I had packed my tobacco in it and had to re-open it. It got shut up finally at 10.50 pm, and then there remained the baskets to do. Harris said that he and George had better do the rest. I agreed and sat down.

They began happily, evidently trying to show me how to do it. I made no comment; I only waited. I looked at the piles of plates and cups, kettles, bottles and jars, pies, stoves, cakes and tomatoes, and I felt that the thing would soon become exciting.

It did. They started with breaking a cup, then Harris packed the strawberry jam on top of a tomato and squashed it, and they had to pick out the tomato with a teaspoon. Soon after, George stepped on the butter.

Rozejrzałem się wokół i stwierdziłem, że faktycznie zapomniałem o butach. Cały Harris. Oczywiście nie powiedział ani słowa, dopóki nie zamknąłem torby.

Otworzyłem zatem torbę i włożyłem buty. Już miałem ją zamknąć, kiedy przyszła mi do głowy straszna myśl: „Czy zapakowałem moją szczoteczkę do zębów?"

Musiałem wszystko wyjąć i, oczywiście, nie znalazłem szczoteczki. Odkryłem ją później wewnątrz buta, przepakowałem ponownie i zamknąłem torbę. Wtedy stwierdziłem, że spakowałem tytoń, a więc znów musiałem ją otworzyć. Zamknąłem ją wreszcie za dziesięć jedenasta wieczorem, ale zostały jeszcze koszyki. Harris i George uznali, że lepiej będzie, gdy oni zajmą się resztą. Zgodziłem się i usiadłem sobie wygodnie.

Zaczęli radośnie, wyraźnie starając się mi pokazać, jak należy to robić. Darowałem sobie wszelkie uwagi i czekałem cierpliwie. Patrzyłem na stosy talerzy i filiżanek, czajników, butelek i słoików, ciast, kuchenek i pomidorów i czułem, że sytuacja stanie się wkrótce niezwykle ekscytująca.

I tak też było. Zaczęło się od rozbitej filiżanki, potem Harris umieścił dżem truskawkowy na pomidorze i zgniótł go, po czym musieli usuwać to, co zostało z niego za pomocą łyżeczki. Zaraz potem George nadepnął na masło.

Montmorency was in it all, of course. Montmorency's am-
bition in life is to get in the way and be yelled at. He came
and sat down on things just when they were to be packed.
And he strongly believed that, whenever Harris or George
reached out their hand for anything, it was his cold, wet
nose that they wanted. Then he pretended that the lemons
were rats and got into the basket and killed three of them
before Harris could hit him with the frying-pan.

The packing was done at 12.50, and Harris sat on the big
basket and said he hoped nothing would be found broken.
George said that if anything was broken, it was broken.

We had planned to wake at 6.30, but, thanks to George,
who was supposed to have woken us, we overslept until
nearly nine o'clock.

After breakfast, George left for work, and Harris and
I carried out our luggage, which there seemed to be a lot
of when we put it all together, onto the doorstep and waited for a cab.

We got to Waterloo at eleven and asked where the eleven-five started from. Of course nobody knew. The porter
who took our things thought it would go from platform
number two, while another porter had heard that it would go from number one. The station-master, on the other
hand, was sure it would start from the high-level platform.
So we went to the high-level platform and saw the engine-
-driver and asked him if he was going to Kingston. He said
he couldn't say for certain of course, but that he thought
he was. We placed half-a-crown into his hand and begged
him to be the eleven-five for Kingston.

When we arrived at Kingston, our boat was waiting for
us, and we stored our luggage and stepped into it.

With Harris at the oars and I at the tiller-lines and Montmorency, unhappy and very suspicious, in the prow, out
we went onto the waters which, for a fortnight, were to be
our home.

It was a glorious morning, and the quiet back streets of
Kingston near the water's edge looked quite picturesque
in the sunlight.

I began thinking about Kingston. Great Caesar crossed
the river there, and the Roman legions camped upon its

Montmorency oczywiście brał w tym wszystkim udział. Jego życiową ambicją jest przeszkadzanie innym i powodowanie ich nieustannych wrzasków. Siadał dokładnie na tych rzeczach, które właśnie miały być pakowane. Był święcie przekonany, że ilekroć Harris albo George wyciągali po coś rękę, nie chodziło im o nic innego, jak tylko o jego zimny, mokry nos. Udawał, że cytryny to szczury i zabił trzy z nich, zanim Harris przyłożył mu patelnią.

Pakowanie było zakończone pięćdziesiąt minut po północy. Harris usiadł na dużym koszyku i powiedział, iż ma nadzieję, że nic się nie rozbije. George odpowiedział, że jeśli coś miało się rozbić, już się na pewno rozbiło.

Planowaliśmy pobudkę o szóstej trzydzieści, ale dzięki George'owi, który miał nas obudzić, spaliśmy prawie do dziewiątej.

Po śniadaniu George poszedł do pracy, a my z Harrisem wynieśliśmy bagaże przed dom (kiedy złożyliśmy je wszystkie razem, wydawało się, że jest ich strasznie dużo) i czekaliśmy na taksówkę.

Dotarliśmy na Waterloo o jedenastej i zapytaliśmy, skąd odjeżdża pociąg o jedenastej pięć. Oczywiście nikt nie wiedział. Bagażowy, który wziął nasze rzeczy, był zdania, że z peronu numer dwa, podczas gdy inny bagażowy słyszał, że z peronu pierwszego. Z kolei naczelnik stacji był pewien, że nasz pociąg odjedzie z górnego peronu. Poszliśmy więc na górny peron, zobaczyliśmy maszynistę i zapytaliśmy go, czy jedzie do Kingston. Odpowiedział, że nie może tego stwierdzić z całą pewnością, ale sądzi, że tak. Wcisnęliśmy mu półkoronówkę w dłoń, błagając, żeby okazał się pociągiem jedenasta pięć do Kingston.

Kiedy przyjechaliśmy do Kingston, łódź już na nas czekała. Ulokowaliśmy bagaż i wkroczyliśmy na pokład.

Harris u wioseł, ja przy sterze, a Montmorency, bardzo nieszczęśliwy i podejrzliwy, na dziobie, wypłynęliśmy na wody, które przez najbliższe dwa tygodnie miały być naszym domem.

Był cudowny poranek i spokojne uliczki Kingston, leżące w pobliżu brzegu rzeki, wyglądały malowniczo w słonecznym świetle.

Zacząłem rozmyślać o Kingston. Wielki Cezar przekraczał tu rzekę, a rzymskie legiony rozbiły obóz u jej brzegów. Wydaje się,

banks. Caesar, like Queen Elizabeth, seems to have stopped everywhere around England: only he was more respectable than good Queen Elizabeth; he didn't stay at the public-houses.

She was crazy about public-houses. There's hardly a pub within ten miles of London that she does not seem to have stopped at or slept at some time or other. I wonder if Harris ever became a great and good man, and got to be Prime Minister, and died, if they would put up signs over the public-houses that he had visited: "Harris had a glass of bitter in this house"; "Harris had two glasses of Scotch here in the summer of `88"; "Harris was thrown out of here in December, 1886".

No, there would be too many of them! It would be the pubs that he had never entered that would become famous. The people would come to see what could have been wrong with it.

At this point Harris threw away the oars, got up and left his seat and sat on his back with his legs in the air. Montmorency howled and turned a somersault, and the top basket jumped up, and all the things came out.

I will not repeat the things Harris said. It seems I was thinking of other things and forgot that I was steering. Because of this, we had run into the bank of the river, but that is no excuse for the language Harris used.

Once everything was back to normal, Harris said he had done enough for a bit and proposed that I should take a turn. As we were at the bank, I got out and took the tow--line and pulled the boat on past Hampton Court.

Harris asked me if I'd ever been in the maze at Hampton Court. He said he went in once to show somebody else the way. He had studied it in a map, and it was so simple that it seemed foolish. It was a cousin that Harris took into the maze.

They met some people soon after they had got inside, who said they had been there for three-quarters of an hour. Harris told them they could follow him if they liked. They said it was very kind of him and began following him.

They picked up many other people as they went along, until they had gathered everyone in the maze. People who had given up all hopes of ever getting out cheered up at the sight of Harris and his party. Harris said he thought there must have been twenty people following him.

że Cezar, tak jak królowa Elżbieta, zatrzymywał się wszędzie na terenie całej Anglii; tyle że był bardziej szanowany niż dobra królowa Elżbieta, nie zatrzymywał się bowiem w pubach.

Królowa była zwariowana na punkcie pubów. Nie ma żadnego pubu w promieniu dziesięciu mil od Londynu, w którym by nie nocowała lub się nie zatrzymała. Zastanawiam się, czy gdyby Harris został wielkim człowiekiem, sprawował funkcję premiera i umarł, postawiono by tablice informacyjne w pubach, które odwiedził: „Harris wypił tu szklankę piwa"; „Harris wypił tu dwie szklaneczki szkockiej latem '88"; „Harris został stąd wyrzucony w grudniu 1886".

Nie, tych miejsc byłoby zbyt wiele! To puby, których Harris nigdy nie odwiedził stałyby się sławne. Ludzie przyjeżdżaliby, żeby zobaczyć, co z nimi jest nie w porządku.

W tym momencie Harris odrzucił wiosła, wstał, zostawił swoje miejsce i ułożył się na grzbiecie z nogami w powietrzu. Montmorency zawył, wywinął fikołka, a leżący na wierzchu koszyk podskoczył i wszystko się z niego wysypało.

Nie powtórzę tego, co powiedział Harris. Wygląda na to, że myślałem o innych rzeczach i zapomniałem, że steruję. Z tego powodu uderzyliśmy w brzeg rzeki, ale to nie jest żadnym usprawiedliwieniem dla języka, jakiego użył Harris.

Kiedy wszystko wróciło do normy, Harris oznajmił, że dość się już napracował i zaproponował, żebym ja przejął wiosła. Ponieważ byliśmy przy brzegu, wysiadłem, wziąłem linę holowniczą i pociągnąłem łódź wzdłuż Hampton Court.

Harris zapytał, czy kiedykolwiek byłem w labiryncie w Hampton Court. On poszedł tam raz, żeby kogoś oprowadzić. Wcześniej przestudiował całą trasę na mapie i wydawała mu się wręcz idiotycznie prosta. Osobą, którą Harris wziął do labiryntu, był jego kuzyn.

Gdy tylko weszli do środka, spotkali ludzi, którzy byli tam już od trzech kwadransów. Harris powiedział im, że mogą iść za nim, jeśli chcą. Odpowiedzieli, że to bardzo uprzejme z jego strony i ruszyli za nim.

Po drodze dołączyło się do nich mnóstwo innych osób, aż w końcu zgromadzili się wszyscy, którzy byli wtedy w labiryncie. Ludzie, którzy porzucili już wszelką nadzieję na wydostanie się z pułapki, entuzjastycznie reagowali na widok Harrisa i jego grupy. W sumie podążało za nim około dwudziestu osób.

Harris kept on turning to the right, but it seemed a long way.

At last they passed a piece of bread on the ground that Harris's cousin was sure he had noticed there seven minutes ago. A woman with a baby said she herself had taken it from the child and had thrown it down there just before she met Harris. She also added that she wished she never had met Harris.

Harris took out the map, but he didn't know exactly where they were on it and suggested that the best thing to do would be to go back to the entrance and begin again. About ten minutes more passed, and then they found themselves in the centre.

They all got crazy at last and sang out for the keeper, and the man came and climbed up the ladder outside and shouted out directions to them. But everyone became confused, and so the man told them to stop where they were, and he would come to them.

He was a young keeper and new to the business, and when he got in, he couldn't find them, and he wandered about trying to get to them, and then HE got lost.

They had to wait till one of the old keepers came back from his dinner before they got out.

Harris said he thought it was a very fine maze, so far as he was a judge, and we agreed that we would try to get George to go into it on our way back.

Harris cały czas skręcał w prawo, ale droga wydawała się bardzo długa.

W końcu minęli leżący na ziemi kawałek chleba i kuzyn Harrisa był pewien, że przechodzili koło niego siedem minut temu. Jedna z kobiet powiedziała, że to ona sama zabrała swojemu dziecku chleb i rzuciła go na ziemię, zanim jeszcze spotkała Harrisa. Dodała również, iż żałuje, że w ogóle go spotkała.

Harris wyjął mapę, ale nie miał pojęcia, gdzie dokładnie się znajdują, więc zasugerował, że najlepszym rozwiązaniem będzie powrót do wejścia i rozpoczęcie wędrówki od początku. Po dziesięciu minutach ponownie znaleźli się w centrum labiryntu.

W końcu, oszalali ze strachu, zaczęli głośno wzywać strażnika, który przystawił z zewnątrz drabinę i wykrzykiwał w ich kierunku wskazówki. Wszyscy byli jednak tak zdezorientowani, że strażnik polecił im, by nie ruszali się z miejsca, a on spróbuje do nich dotrzeć.

Był to młody strażnik, będący nowym pracownikiem, i kiedy wszedł do labiryntu, nie mógł znaleźć zaginionych ludzi. Błąkał się w ich poszukiwaniu i w końcu sam się zgubił.

Musieli czekać, aż jeden ze starych strażników wróci z obiadu i pomoże im się wydostać.

Harris stwierdził, że jego zdaniem był to wspaniały labirynt i obaj postanowiliśmy, że namówimy George'a, żeby tam się udał podczas naszej drogi powrotnej.

III. TOMBSTONES, TRESPASSING AND TOW-LINES

It took us some time to pass through Moulsey Lock, which is, I suppose, the busiest lock on the river.

I have stood and watched it, sometimes, when you could not see any water at all, but only a brilliant mass of bright jackets, caps, hats and ribbons. When looking down into the lock, you might think it was a huge box full of colourful flowers.

The river gives everyone a good opportunity to dress up. Once in a while, we men are able to show our taste in colours. I always like a little red in my things and Harris always keeps to shades or mixtures of orange or yellow. George has bought some new things for this trip, and I'm rather disturbed about them. He brought a jacket home and showed it to us on Thursday evening. We asked him what colour he called it, and he said he didn't think there was a name for the colour. George put it on and asked us what we thought of it. Harris said that as an object to hang over a flower-bed to frighten the birds away, it was good, but as clothing for a human being, it made him ill. George got quite upset, but, as Harris said, if he didn't want our opinion, why did he ask for it?

Harris wanted to get out at Hampton Church to go and see Mrs. Thomas's tomb. He did not seem to really know who she was, but had heard that she has got a funny tomb, and he wanted to get out and see it.

I objected. I never did seem to enjoy tombstones myself. I know that the proper thing to do when you get to a village or town is to go to the churchyard and enjoy the graves, but it is something that I don't care for.

III. NAGROBKI, WKRACZANIE NA CUDZY TEREN I LINY HOLOWNICZE

Przeprawa przez Moulsey Lock zajęła nam trochę czasu. To najbardziej ruchliwa śluza na całej rzece.

Nieraz przystawałem i obserwowałem ją, nie mogąc w ogóle dostrzec wody, tylko iskrzącą się masę jaskrawych kurtek, czapek, kapeluszy i wstążek. Gdy patrzyło się w dół śluzy, można było pomyśleć, że jest to ogromne pudło pełne kolorowych kwiatów.

Rzeka daje każdemu znakomitą okazję do wystrojenia się. Raz na jakiś czas my, mężczyźni, możemy pochwalić się naszym dobrym smakiem, jeśli chodzi o kolory. Ja lubię odrobinę czerwieni w moich strojach, a Harris zawsze wybiera odcienie lub kombinacje pomarańczowego i żółtego. George kupił parę nowych rzeczy na naszą wycieczkę, co przyprawia mnie o lekki niepokój. W czwartek wieczorem przyniósł do domu marynarkę i pokazał ją nam. Zapytaliśmy, jakiego, jego zdaniem, jest ona koloru, na co odpowiedział, iż ten kolor nie ma żadnej nazwy. Następnie włożył ją i spytał, co sądzimy. Harris stwierdził, że jako przedmiot do odstraszania ptaków z grządek kwiatowych byłaby znakomita, ale jako ubranie dla istoty ludzkiej przyprawia go o mdłości. George'a to dość przygnębiło, ale, jak powiedział Harris, jeśli nie chciał naszej opinii, to po co o nią prosił?

Harris chciał wysiąść przy Hampton Church, żeby zobaczyć grób pani Thomas. Wydawało się, że nie bardzo wie, kim owa pani była, ale słyszał, że ma zabawny grobowiec, więc koniecznie chciał wysiąść i go zobaczyć.

Nie zgodziłem się. Nigdy nie byłem entuzjastą nagrobków. Wiem oczywiście, że gdy przyjeżdża się do jakiejś wioski czy miasta, należy udać się na cmentarz przykościelny i podziwiać grobowce, lecz nie jest to coś na czym mi zależy.

One morning I was leaning against the low stone wall around a little village church, and I smoked and enjoyed the peaceful scenery. I was thinking wonderful, peaceful thoughts, when I heard a voice crying out: "All right, sir, I'm coming, I'm coming."

I looked up and saw an old bald-headed man walking across the churchyard towards me, carrying a huge bunch of keys in his hand.

"I'm coming, sir, I'm coming. I ain't as young as I used to be. This way, sir."

"Go away, you miserable old man," I said. "Leave me before I jump over the wall and kill you."

He seemed surprised.

"Don't you want to see the tombs?" he asked.

"No," I answered, "I don't. I want to stand here against this old wall. Go away and don't disturb me. I am full of beautiful thoughts. Don't you come fooling about, making me mad with this silly tombstone nonsense of yours. Go away and get somebody to bury you cheap, and I'll pay half the expense."

He rubbed his eyes and looked hard at me.

"You're a stranger in these parts? You don't live here?"

"No," I said, "I don't. YOU wouldn't if I did."

"Well then," he said, "you want to see the tombs!"

"I do not want to see the tombs," I replied. "Why should I?"

Pewnego ranka opierałem się o niski kamienny murek ota-
czający niewielki wiejski kościółek, paliłem i rozkoszowałem
się sielską scenerią. Wypełniały mnie cudowne, spokojne myśli, kiedy nagle usłyszałem czyjś głos wykrzykujący: „W porządku, proszę pana, już idę, już idę".

Podniosłem wzrok i ujrzałem starego, łysego mężczyznę,
idącego przez cmentarz w moim kierunku z ogromnym pę-
kiem kluczy w dłoni.

– Już idę, proszę pana, już idę. Nie jestem tak młody jak
kiedyś. Tędy, proszę.

– Odejdź, nieszczęsny starcze – powiedziałem. – Zostaw
mnie w spokoju, zanim przeskoczę przez mur i zabiję cię.

Wydawał się zaskoczony.

– Nie chce pan zobaczyć grobów? – zapytał.

– Nie – odpowiedziałem – nie chcę. Chcę sobie stać przy tym
starym murze. Idź i nie przeszkadzaj mi. Jestem pełen przepięk-
nych myśli. Przestań się wygłupiać i doprowadzać mnie do szału
tym stekiem bzdur o grobowcach. Wynoś się i znajdź kogoś, kto
cię tanio pochowa, a ja pokryję połowę kosztów.

Potarł oczy i spojrzał na mnie surowo.

– Pan jest nietutejszy? Nie mieszka pan w tych stronach?

– Nie – odpowiedziałem. – Nie byłbyś tu, gdybym mieszkał.

– W takim razie pan chce zobaczyć grobowce!

– Nie chcę widzieć żadnych grobowców. Czemu miałbym
chcieć?

Then he came near and whispered quietly: "I've got a couple of skulls down in the crypt," he said. "Come and see
those. Oh, do come and see the skulls!"

Then I turned and ran, and as I ran I heard him calling
to me: "Oh, come and see the skulls! Come back and see
the skulls!"

Harris, however, likes tombs and the thought of not seeing Mrs. Thomas's grave made him crazy. He said he had
looked forward to seeing Mrs. Thomas's grave from the
first moment that the trip was proposed.

I reminded him of George, and how we had to get the
boat up to Shepperton by five o'clock to meet him. Then
he got angry with George.

"I never see him doing any work there," Harris said.
"He sits behind a bit of glass all day, trying to look
as if he was doing something. I have to work for my living.
Why can't he work? If he was here, we could go and see
that tomb. I don't believe he's at the bank at all. He's sitting about somewhere, leaving us to do all the work. I'm
going to get out and have a drink."

I told him that we were miles away from a pub, and I reminded him that there was lemonade in the basket if he
wanted something cool and refreshing to drink.

Then he got upset about the lemonade.

He said he must drink something, however, and climbed
upon the seat and leant over to get the bottle. It was right at
the bottom of the basket and seemed difficult to find, and he
had to lean over further and further, and, while trying to steer
at the same time, he pulled the wrong line and sent the boat
into the bank. He fell down right into the basket and stood
there on his head with his legs sticking up into the air. He had
to stay there till I could get hold of his legs and pull him out,
and that made him madder than ever.

We stopped by Kempton Park and had lunch. It is a pretty little
spot, and we had just started on the bread and jam when a gentleman came along and wanted to know if we knew that we were
trespassing. We said we hadn't really thought about it, but that, if
he told us that we WERE trespassing, we would believe it.

He told us that we were, and we thanked him, but he still
hung about and seemed to be dissatisfied, so we asked him

W tym momencie stary zbliżył się do mnie i wyszeptał:
– Mam kilka czaszek w krypcie na dole. Niech pan przyjdzie
i zobaczy. Proszę, niech pan przyjdzie i zobaczy czaszki!
Odwróciłem się i uciekem, a w biegu wciąż słyszałem, jak woła:
– Niech pan przyjdzie i zobaczy czaszki! Niech pan wróci
i zobaczy czaszki!
Harris jednak lubił grobowce i myśl, że mógłby nie zobaczyć
grobu pani Thomas, doprowadzała go do szału. Powiedział,
że nie mógł się tego doczekać od chwili, gdy pojawiła się propozycja wycieczki.
Przypomniałem mu o George'u i o tym, że musimy być z łodzią w Shepperton przed piątą, żeby się tam z nim spotkać.
Harris wściekł się na George'a.
– Nigdy nie widzę go pracującego – stwierdził. – Siedzi za
kawałkiem szyby cały dzień, starając się sprawiać wrażenie,
że coś robi. Ja muszę pracować na utrzymanie. Dlaczego on
nie może? Gdyby tu był, moglibyśmy pójść i zobaczyć ten
grób. Nie wierzę, że on jest teraz w banku. Siedzi sobie gdzieś,
zostawiając nam całą robotę. Wysiadam i idę na drinka.
Uświadomiłem mu, że jesteśmy kilka mil od najbliższego
pubu i przypomniałem, że w koszyku mamy lemoniadę, jeśli
chce czegoś chłodnego i odświeżającego do picia.
Myśl o lemoniadzie wprawiła go w nie najlepszy humor.
Stwierdził jednak, że musi się czegoś napić, wspiął się więc
na siedzenie i pochylił, żeby wydostać butelkę. Była na samym dnie koszyka i trudno było ją znaleźć, więc Harris musiał się coraz bardziej przechylać. Ponieważ przez cały czas
próbował równocześnie sterować, pociągnął za niewłaściwą
linę skierował łódź do brzegu. Harris przewrócił się i wpadł
wprost do koszyka. Tkwił tam przez chwilę z nogami w powietrzu, dopóki nie udało mi się złapać go za nogi i wyciągnąć
stamtąd, przez co stał się jeszcze bardziej wściekły niż zwykle.
Zatrzymaliśmy się przy Kempton Park na lunch. Miejsce
było urocze i właśnie zabraliśmy się za chleb z dżemem, kiedy pojawił się pewien dżentelmen i zapytał, czy zdajemy sobie
sprawę, iż wkroczyliśmy na teren prywatny. Odpowiedzieliśmy, że nie przyszło nam to na myśl, ale skoro on twierdzi, że
tak, to mu uwierzymy.
Powiedział nam, że tak. Podziękowaliśmy mu za informację,
ale on wciąż tam tkwił bardzo niezadowolony. Zapytaliśmy

if there was anything more that we could do for him. He then said that it was his duty to make us leave the property.

Harris said that if it was a duty, it ought to be done, and asked the man what was his idea about the best way to do it. The man looked at him and said he would go and speak with his master and then come back and throw us both into the river.

Of course, we never saw him any more, and, of course, all he really wanted was a shilling. There are a certain number of people who make quite an income by blackmailing weak-minded people in this way.

We reached Sunbury Lock at half-past three, rowed up to Walton afterwards, then on past Halliford and Shepperton, which are both pretty little spots where they touch the river.

At Weybridge, the Wey, the Bourne, and the Basingstoke Canal all enter the Thames together. The lock is just opposite the town, and the first thing that we saw when we came in view of it was George wearing his new jacket.

Montmorency started barking, and Harris and I shouted. George waved his hat and yelled back. The lock-keeper rushed out thinking that somebody had fallen into the lock and then appeared annoyed at finding that no one had.

George had rather a curious parcel in his hand. It was round and flat at one end, with a long straight handle sticking out of it.

"What's that?" said Harris, "a frying-pan?"

"No," said George, with a strange, wild look in his eyes, "it's a banjo."

"I never knew you played the banjo!" cried Harris and I together.

"Not exactly," replied George, "but it's very easy they tell me, and I've got the instruction book!"

We made George work, now we had got him. He did not want to work, of course. He had had a hard time in the City, so he explained, but Harris said: "Ah! and now you are going to have a hard time on the river for a change!"

We handed him the tow-line, and he took it and stepped out.

There is something very strange about a tow-line. You roll it up with as much patience and care as possible, and five minutes afterwards, when you pick it up, it is one horrible tangle.

zatem, czy możemy coś jeszcze dla niego zrobić. Usłyszeliśmy, że jego obowiązkiem jest usunąć nas z terenu posiadłości.

Harris powiedział, że obowiązki trzeba wypełniać i zapytał go, jak zamierza tego dokonać. Mężczyzna spojrzał na niego i oznajmił, iż pójdzie teraz porozmawiać ze swoim pracodawcą, a następnie wróci i wrzuci nas obu do rzeki.

Oczywiście, już go więcej nie zobaczyliśmy, bo tak naprawdę chciał od nas tylko szylinga. Jest spora grupa ludzi, którzy osiągają niezły dochód, szantażując w ten sposób ludzi bez charakteru.

Dotarliśmy do Sunbury Lock o wpół do czwartej, potem powiosłowaliśmy w górę rzeki do Walton, a następnie wzdłuż Halliford i Shepperton, które są wyjątkowo urocze w miejscu, gdzie stykają się z rzeką.

W Weybridge wpadają równocześnie do Tamizy rzeki Wey, Bourne i kanał Basingstoke. Śluza jest dokładnie naprzeciwko miasta i pierwsze, co zobaczyliśmy, gdy znalazła się w zasięgu naszego wzroku, był George w swojej nowej marynarce.

Montmorency zaczął szczekać, a my z Harrisem krzyczeć. George pomachał swoim kapeluszem i też coś do nas krzyknął. Nadbiegł śluzowy, który myślał, że ktoś wpadł do wody i był niezadowolony, kiedy okazało się, że nie.

George miał w ręce dość dziwnie wyglądający pakunek. Było to okrągłe i płaskie z wystającym długim prostym uchwytem.

– Co to jest? – zapytał Harris. – Patelnia?

– Nie – odpowiedział George z dziwnym, dzikim błyskiem w oku. – To jest banjo.

– Nie wiedziałem, że grasz na banjo! – wykrzyknęliśmy z Harrisem jednocześnie.

– Niezupełnie – powiedział George – ale powiedziano mi, że to bardzo proste, poza tym mam samouczek.

Zapędziliśmy George'a do pracy, skoro już go dopadliśmy. Oczywiście, wcale nie miał ochoty pracować. Próbował nam tłumaczyć, że miał za sobą bardzo ciężki dzień w City, ale Harris oznajmił mu, że teraz będzie miał dla odmiany bardzo ciężki dzień na rzece.

Daliśmy mu linę holowniczą, wziął ją i wyszedł na brzeg.

Z liną holowniczą dzieją się zawsze bardzo dziwne rzeczy. Zwijasz ją z cierpliwością i uwagą, największą, na jaką cię stać, po czym po pięciu minutach, kiedy chcesz ją podnieść, staje się jedną koszmarną plątaniną.

I firmly believe that if you took an average tow-line, and stretched it out straight across the middle of a field, and then turned your back on it for thirty seconds, that, when you looked round again, you would find that it had got itself altogether in a pile in the middle of the field.

This tow-line I had taken in myself just before we had got to the lock. I had rolled it up and laid it down gently at the bottom of the boat. Harris had lifted it up carefully and put it into George's hand. A second later it was all in tangles.

It is always the same. The man on the bank, who is trying to disentangle it, thinks all the fault lies with the man who rolled it up. On the other hand, the man who wound it up thinks it's the fault of the man on the bank. They feel so angry with one another that they would like to hang each other with the thing.

Ten minutes go by, and the first man gives a yell and goes mad as the line gets into a tighter tangle than ever. Then the second man climbs out of the boat and comes to help him, and they get in each other's way. In the end, they do get it untangled, and then turn round and find that the boat has drifted off.

This really happened once up by Boveney one morning. We were rowing down stream and noticed a couple of men on the bank. They were looking at each other with miserable expressions on their face, and they held a long tow-line between them. It was clear that something had happened, so we asked them what was the matter.

"Why, our boat's gone off!" they replied. "We just got out to disentangle the tow-line, and when we looked round, it was gone!"

We found the boat for them half a mile further down, but I shall never forget the picture of those two men walking up and down the bank with a tow-line, looking for their boat.

One sees a good many funny things up the river in connection with towing. One of the most common is the sight of a couple of towers, walking along, deep in discussion, while the man in the boat, a hundred yards behind them, is screaming to them to stop.

He calls to them to stop, quite gently and politely at first.

"Hi! stop a minute, will you?" he shouts cheerily. "I've dropped my hat over-board."

Jestem święcie przekonany, że gdyby ktoś wziął najzwyklejszą linę holowniczą i rozciągnął ją przez pole uprawne, a następnie odwrócił się na trzydzieści sekund, to, odwróciwszy się z powrotem, zobaczyłby ją w formie bezładnej sterty na samym środku pola.

Tę linę przyniosłem osobiście, zwinąłem ją i umieściłem delikatnie na dnie łodzi, na moment przed dopłynięciem do śluzy. Teraz Harris podniósł ją bardzo ostrożnie i wręczył George'owi. Nie upłynęła sekunda i już była splątana.

Zawsze jest tak samo. Osoba na brzegu, która próbuje rozplątać linę, sądzi, iż wina leży po stronie tego, kto ją zwijał. Natomiast ten, kto ją zwijał, jest przekonany, że winić należy osobę na brzegu. Są na siebie tak wściekli, że najchętniej jeden drugiego by powiesił za pomocą tej właśnie liny.

Upływa dziesięć minut, po czym ten pierwszy wydaje z siebie dziki wrzask i wpada w szał, bo lina jest już tak poplątana, jak nigdy. Wówczas drugi wydostaje się z łodzi i spieszy z pomocą, co kończy się tym, że nawzajem sobie przeszkadzają. Ostatecznie udaje im się rozplątać linę, ale kiedy się odwracają, odkrywają, że w międzyczasie ich łódź odpłynęła.

To się naprawdę wydarzyło pewnego ranka w okolicach Boveney. Wiosłowaliśmy w górę strumienia i zauważyliśmy kilku mężczyzn na brzegu. Spoglądali na siebie dość żałośnie i trzymali pomiędzy sobą długa linę holowniczą. Widać było, że coś się stało, więc zapytaliśmy, o co chodzi.

– Jak to, przecież nasza łódź zniknęła! – odpowiedzieli. – Wysiedliśmy, żeby rozplątać linę, a kiedy się odwróciliśmy, łodzi już nie było!

Znaleźliśmy ich łódź pół mili dalej, nigdy jednak nie zapomnę widoku tych dwóch mężczyzn, chodzących wzdłuż brzegu rzeki z liną holowniczą i szukających swojej łodzi.

Na rzece można zobaczyć wiele zabawnych sytuacji związanych z holowaniem. Najczęstszą jest widok dwóch holujących, maszerujących i żywo o czymś dyskutujących, podczas gdy osoba w łódce, sto jardów za nimi, krzyczy, żeby się zatrzymali.

Najpierw woła całkiem delikatnie i grzecznie:

– Hej! Zatrzymajcie się na chwilę, dobrze? – krzyczy wesoło. – Kapelusz wypadł mi za burtę.

Then: "Hi! Tom – Dick! can't you hear?" not quite so gently this time.

Then: "Hi! Confound YOU, you idiots! Hi! stop! Oh you – !"

After that he jumps up, and dances about, and swears. And the small boys on the bank stop and look at him and throw stones at him as he is pulled along past them.

George got the line right after a while and towed us on to Penton Hook. There we discussed the important question of camping. We had decided to sleep on board that night. It seemed too early to think about stopping right then, so we decided to keep going to Runnymead, three and a half miles further. We all wished afterward that we had stopped at Penton Hook. Three or four miles up stream isn't much early in the morning, but it is a long way at the end of a long day. Every half-mile seems like two. When you have walked along for what seems like at least ten miles, and still the lock is not in sight, you begin to seriously think that somebody must have run off with it.

Potem:
– Hej! Tom, Dick, słyszycie mnie? – już nie tak delikatnie.
I w końcu:
– Hej! Niech was diabli, idioci! Hej! Stop! Och, wy...!
Potem zaczyna podskakiwać w miejscu i przeklinać. A mali chłopcy na brzegu przystają, patrzą na niego i rzucają w niego kamieniami, kiedy przepływa obok.

George po chwili uporał się z liną i doholował nas do Penton Hook. Tam przystąpiliśmy do omawiania bardzo istotnej kwestii biwaku. Wcześniej postanowiliśmy spędzić tę noc na pokładzie. Wydawało się jeszcze za wcześnie na postój, więc uznaliśmy, że popłyniemy do Runnymead, trzy i pół mili dalej. Później wszyscy żałowaliśmy, że nie stanęliśmy w Penton Hook. Trzy i pół mili w górę rzeki to niedużo wczesnym rankiem, ale pod koniec długiego dnia taka droga wydaje się nie mieć końca. Każde pół mili wydaje się być dwiema milami. Kiedy masz wrażenie, że przeszedłeś już dziesięć mil, i kiedy śluzy wciąż nie ma w zasięgu wzroku, zaczynasz się poważnie zastanawiać, czy aby ktoś nie zabrał jej i nie uciekł.

IV. CANVAS AND COLD

It was half-past seven when we were through Bell Weir Lock, and we all got in and rowed up close to the left bank, looking out for a spot to stay.

We had originally intended to go on to Magna Charta Island, a very pretty part of the river, and to camp there. But, somehow, we did not feel that we wanted the prettiness nearly so much now as we had earlier in the day. We did not want scenery. We wanted to have our supper and go to bed.

Then we thought we were going to have supper, but George said that we had better get the canvas up first before it got quite dark, and while we could see what we were doing.

That canvas wanted more putting up than I think any of us had imagined. It looked so simple at first. You took five iron hoops and fitted them up over the boat and then pulled the canvas over them and tied it down. It would take ten minutes, we thought.

That was an under-estimate.

We took up the hoops and began to drop them into the sockets placed for them. You would not imagine this to be dangerous work, but, looking back now, it is a wonder to me that any of us are alive. They were not hoops, they were demons. First they would not fit into their sockets at all, and we had to jump on them and kick them and hammer at them. Then when they were in, it turned out that they were the wrong hoops for those particular sockets, and they had to come out again.

But they would not come out until two of us had gone and struggled with them for five minutes, when they would jump up suddenly and try and throw us into the water and drown us. And while we were struggling with one side of the hoop, the other side would come behind us and hit us over the head.

We got them fixed at last, and then all that was to be done was to arrange the covering over them.

IV. PŁÓTNO I CHŁÓD

Owpół do ósmej, kiedy przedostaliśmy się przez Bell Weir Lock, wsiedliśmy wszyscy do łodzi i, wiosłując wzdłuż lewego brzegu, szukaliśmy miejsca na postój.

Początkowo planowaliśmy dotrzeć do Magna Charta Island, bardzo pięknego fragmentu rzeki, i tam rozbić obóz. Ale teraz jakoś nie odczuwaliśmy potrzeby piękna tak mocno jak wcześniej. Nie chcieliśmy scenerii. Chcieliśmy zjeść kolację i iść spać.

Mieliśmy już zabrać się za kolację, lecz George stwierdził, że lepiej będzie, gdy najpierw rozbijemy płócienny dach nad łodzią, dopóki jeszcze jest jasno i widzimy, co robimy.

Rozbijanie płótna okazało się o wiele poważniejszą sprawą, niż którykolwiek z nas sobie wyobrażał. Na początku wydawało się to proste. Bierze się pięć metalowych obręczy, mocuje je na łodzi, potem naciąga na nie płótno i związuje na dole. Myśleliśmy, że zajmie to dziesięć minut.

Przeliczyliśmy się.

Podnieśliśmy obręcze i zaczęliśmy wsuwać je w specjalne uchwyty. Nikt by nie pomyślał, że może to być niebezpieczne, ale jak teraz o tym myślę, wydaje mi się cudem, że żaden z nas nie zginął. To nie były obręcze, to były demony. Najpierw w ogóle nie pasowały do uchwytów i musieliśmy po nich skakać, kopać je i walić w nie młotkiem. Kiedy w końcu udało się nam je wetknąć, okazało się, że umieściliśmy obręcze nie w tych uchwytach, co trzeba, i musieliśmy je z powrotem wyciągać.

Nie chciały wyjść i dwóch z nas musiało walczyć z nimi przez pięć minut, po czym nagle wyskoczyły, próbując wrzucić nas do wody i zatopić. A kiedy walczyliśmy z jedną stroną obręczy, druga strona zachodziła nas od tyłu i uderzała w głowę.

W końcu udało się nam je umocować i jedyną rzeczą, która nam jeszcze pozostała, było rozpostarcie na nich płótna.

George unrolled it and tied one end over the nose of the boat. Harris stood in the middle to take it from George and roll it on to me.

How he managed it I do not know, and he could not explain himself, but somehow Harris succeeded in getting himself completely rolled up in it. He was so firmly wrapped round that he could not get out. He struggled for freedom, and, in doing so, knocked over George. Then George, swearing at Harris, began to struggle too and got himself entangled and rolled up.

I knew nothing about all this at the time. I had been told to stand where I was and wait till the canvas came to me, so Montmorency and I stood there and waited. We could see the canvas being violently pulled and thrown about, but we supposed this was part of the method and did not interfere.

We waited some time, and finally George's head came out over the side of the boat and spoke up.

"Give us a hand here, you cuckoo!"

It took us half an hour before it was properly up, and then we got out supper. We put the kettle on to boil, up in the nose of the boat, and went down to the stern and pretended to take no notice of it.

George rozwinął je i przywiązał jeden koniec do dziobu łodzi. Harris stanął na środku, aby przejąć materiał od George-
'a i przerzucić go do mnie.

Jak udało mu się to zrobić, nie mam pojęcia, i on sam też nie
potrafił tego wyjaśnić, ale jakimś sposobem Harris zdołał cał-
kowicie zawinąć się w płótno. Był tak ciasno nim owinięty, że
nie był w stanie się wydostać. Walcząc o wyswobodzenie, przewrócił George'a. George, wyklinając na Harrisa, także zaczął
walczyć i w efekcie on również się zaplątał i owinął w materiał.

Ja przez cały czas nie miałem o niczym pojęcia. Powiedziano
mi, żebym stał w miejscu i czekał, dopóki płótno do mnie nie
dotrze, a więc razem z Montmorencym staliśmy i czekaliśmy.
Widzieliśmy, jak płótno jest gwałtownie ciągnięte i rzucane,
ale sądziliśmy, że jest to częścią metody i nie wtrącaliśmy się.

Czekaliśmy jakiś czas, aż w końcu głowa George'a wyłoniła
się gdzieś z boku łodzi i przemówiła:

– Pomóż nam, idioto!

Ustawienie wszystkiego zajęło nam jeszcze pół godziny
i mogliśmy zająć się kolacją. Nastawiliśmy czajnik, umiesz-
czając go na dziobie łodzi, a sami udaliśmy się na rufę i udawaliśmy, że w ogóle nie zwracamy na niego uwagi.

That is the only way to get a kettle to boil up the river. If it sees that you are waiting for it, it will never boil. You have to go away and begin your meal as if you were not going to have any tea at all. Then you will soon hear it bubbling away, ready to be made into tea.

By the time everything else was ready, the tea was waiting. Then we lit the lantern and sat down to supper. For thirty-five minutes not a sound was heard in that boat, except the noise of cutlery and dishes. At the end of thirty--five minutes we all sat back and relaxed. How good one feels when one is full! One feels so forgiving and generous after a good meal – so kind-hearted.

Before our supper, Harris and George and I were arguing. After our supper, we loved each other and everybody.

We lit our pipes and sat, looking out on the quiet night, and talked. George began talking of a very funny thing that happened to his father once. He said his father was travelling with another fellow through Wales, and, one night, they stopped at a little inn and spent the evening there.

They were to sleep in the same room, but in different beds. They took the candle and went up, but the candle went out when they got into the room, and they had to undress and get into bed in the dark. But instead of getting into separate beds, as they thought they were doing, they both climbed into the same one without knowing it – one getting in with his head at the top, and the other getting in from the opposite side and lying with his feet on the pillow.

There was silence for a moment, and then George's father said: "Joe!"

"What's the matter, Tom?" replied Joe's voice from the other end of the bed.

"Why, there's a man in my bed," said George's father. "Here's his feet on my pillow."

"Well, it's an extraordinary thing, Tom," answered the other, "but there's a man in my bed, too!"

"What are you going to do?" asked George's father.

"Well, I'm going to throw him out," replied Joe.

"So am I," said George's father.

There was a brief struggle, followed by two heavy bumps on the floor, and then a rather sad voice said:

Jest to jedyny sposób, żeby zagotować dużą ilość wody. Gdy woda widzi, że na nią czekasz, nigdy się nie zagotuje. Musisz odejść i rozpocząć swój posiłek, tak jakbyś w ogóle nie miał zamiaru pić herbaty. Wtedy bardzo szybko usłyszysz, jak woda wrze, gotowa, by zrobić z niej herbatę.

Gdy wszystko inne było gotowe, herbata już czekała. Zapaliliśmy latarenkę i zasiedliśmy do kolacji. Przez trzydzieści pięć minut jedynym dźwiękiem, jaki dał się słyszeć na łodzi, był brzęk sztućców i naczyń. Potem wróciliśmy na swoje miejsca i odpoczywaliśmy. Jak dobrze człowiek się czuje, gdy jest najedzony! Jakim jest się wyrozumiałym i hojnym po dobrym posiłku, jakim dobrodusznym.

Przed kolacją George, Harris i ja kłóciliśmy się. Po kolacji kochaliśmy siebie nawzajem i wszystkich ludzi.

Zapaliliśmy fajki, siedzieliśmy, wpatrzeni w spokojną noc, i rozmawialiśmy. George zaczął opowiadać bardzo śmieszną historię, która przydarzyła się kiedyś jego ojcu. Ojciec George'a podróżował po Walii ze swoim kolegą i pewnego wieczoru zatrzymali się w małym zajeździe, żeby spędzić tam noc.

Mieli spać w jednym pokoju, ale w oddzielnych łóżkach. Wzięli świecę i poszli na górę, ale świeca zgasła, gdy weszli do pokoju, musieli więc rozebrać się i wejść do łóżka po ciemku. Ale zamiast udać się do dwóch różnych łóżek – a byli przekonani, że tak właśnie robią – położyli się w tym samym, nie zdając sobie z tego sprawy. Jeden z nich ułożył się normalnie, a drugi, który wchodził do łóżka z przeciwnej strony, położył się z nogami na poduszce.

Przez chwilę była cisza, a potem ojciec George'a powiedział:

– Joe!

– Co się dzieje, Tom? – odpowiedział Joe z drugiego końca łóżka.

– Wiesz, w moim łóżku jest jakiś facet. Ma nogi na mojej poduszce.

– No, to nadzwyczajne, Tom – powiedział Joe. – W moim łóżku też jest facet!

– Co masz zamiar zrobić? – zapytał ojciec George'a.

– No cóż, mam zamiar go stąd wyrzucić – odpowiedział Joe.

– Ja też – stwierdził ojciec George'a.

Nastąpiła krótka walka, po niej dwa ciężkie uderzenia o podłogę, po czym zabrzmiał raczej smutny głos:

"I say, Tom!"

"Yes!"

"How have you got on?"

"Well, to tell you the truth, my man's thrown me out."

"So's mine! I say, I don't think much of this inn, do you?"

I awoke at six the next morning and found George awake too. We both turned round and tried to go to sleep again, but we could not. If there had been a reason for us to wake up, we would have fallen back to sleep while we were looking at our watches and slept till ten. As there was no reason for our getting up for another two hours at the very least, we both felt that lying down for five minutes more would be death to us.

We had been sitting for a few minutes talking when I decided to wake up Harris, but he just turned over on the other side and said he would be down in a minute. We soon let him know where he was, however, with the help of the boat hook, and he sat up suddenly, sending Montmorency, who had been sleeping right on the middle of his chest, flying across the boat.

Then we pulled up the canvas, and all four of us looked down at the water and shivered. The idea had been that we should get up early in the morning, throw back the canvas, jump into the river with a joyous shout and enjoy a long swim. Somehow the idea seemed less tempting. The water looked cold.

"Well, who's going to be first in?" said Harris at last.

George settled the matter so far as he was concerned by pulling on his socks. Montmorency gave a howl, as if even thinking of the thing had frightened him, and Harris said it would be so difficult to get into the boat again and went back and put on his trousers.

I did not altogether like to give in, so I decided to go down to the edge and just throw the water over myself. I took a towel and went out on the bank and sat on the branch of a tree that dipped down into the water.

It was bitterly cold. I thought I would not throw the water over myself after all. I would go back into the boat and dress. I turned to do so, and, as I turned, the silly branch broke, and I and the towel went in together with a tremendous splash, and I was out mid-stream with a gallon of Thames water

– Hej, Tom!
– Tak?
– Jak ci poszło?
– No cóż, prawdę mówiąc, mój facet wyrzucił mnie z łóżka.
– Mój też! Słuchaj, nie podoba mi się ten zajazd, a tobie?

Obudziłem się następnego ranka o szóstej i stwierdziłem,
że George też nie śpi. Przewróciliśmy się obaj na drugi bok
i próbowaliśmy znowu zasnąć, ale bez powodzenia. Gdyby istniał jakikolwiek powód by wstać, zasnęlibyśmy znów
sprawdzając, która jest godzina, i spali do dziesiątej. Skoro
nie musieliśmy jednak wstawać przez co najmniej dwie godziny, obaj czuliśmy, że następne pięć minut w łóżku okaże się
dla nas śmiertelne.

Przez kilka minut siedzieliśmy i rozmawialiśmy, po czym
postanowiłem obudzić Harrisa, ale przewrócił się na drugi
bok i powiedział, że będzie za minutę. Wkrótce przypomnie-
liśmy mu z pomocą bosaka, gdzie się znajduje, więc usiadł
gwałtownie, przez co śpiący mu na piersi Montmorency wy-
strzelił w górę i poszybował przez całą łódź.

Ściągnęliśmy płócienny dach i cała nasza czwórka popatrzy-
ła w dół na wodę. Zadygotaliśmy. Pierwotna koncepcja była
taka, że będziemy wstawać wcześnie, ściągać płótno, wskaki-
wać do rzeki z radosnym okrzykiem i rozkoszować się długim
pływaniem. Teraz pomysł wydawał się jakoś mniej kuszący.
Woda wyglądała na bardzo zimną.

– No dobra, to kto pierwszy? – zapytał w końcu Harris.

George najwyraźniej rozstrzygnął już tę kwestię, bo był
właśnie bardzo zajęty wkładaniem skarpetek. Montmorency
zawył, jakby na samą już myśl o kąpieli ogarniało go przera-
żenie, a Harris stwierdził, że będzie bardzo trudno dostać się
z powrotem do łodzi, po czym poszedł włożyć spodnie.

Nie chciałem tak całkiem rezygnować, więc postanowiłem,
że zejdę na brzeg i po prostu ochlapię się wodą. Wziąłem
ręcznik, poszedłem na brzeg i usiadłem na gałęzi drzewa, za-
nurzonej w wodzie.

Było przejmująco zimno. Uznałem, że nie będę się jednak
ochlapywał wodą. Wrócę na łódź i ubiorę się. Odwróciłem się,
by to zrobić, i kiedy się odwracałem, ta głupia gałąź się złamała
i razem z ręcznikiem wpadłem do wody z potężnym pluskiem.
Zanim się zorientowałem, co się stało, byłem już na środku

inside me before I knew what had happened.

Rather an amusing thing happened while dressing that morning. I was very cold when I got back into the boat, and, in my hurry to get my shirt on, I accidentally dropped it into the water. It made me awfully angry, especially as George burst out laughing. I could not see anything to laugh at, and I told George so, and he only laughed the more. I never saw a man laugh so much. And then, just as I was getting the shirt out of the water, I noticed that it was not my shirt at all, but George's, which I had mistaken for mine. Then the humour of the thing struck me for the first time, and I began to laugh. And the more I looked from George's wet shirt to George, the more I was amused, and I laughed so much that I had to let the shirt fall back into the water again.

rzeki z galonem wody z Tamizy w żołądku.

Dość zabawna rzecz wydarzyła się rano przy ubieraniu. Było mi bardzo zimno, kiedy wróciłem na łódź, i spiesząc się, by włożyć koszulę, przypadkowo upuściłem ją do wody. Rozzłościło mnie to, zwłaszcza że George wybuchnął śmiechem. Uznałem, że nic w tym śmiesznego, i tak też powiedziałem George'owi, co jeszcze bardziej go rozśmieszyło. Nigdy nie widziałem, żeby ktoś tak się śmiał. Ale kiedy wyciągałem koszulę z wody, zauważyłem, że wcale nie była moja, tylko George'a, a wziąłem ją przez pomyłkę. Gdy dotarł do mnie komizm tej sytuacji, zacząłem się śmiać. Im dłużej patrzyłem to na mokrą koszulę George'a, to na George'a, tym bardziej mnie to śmieszyło. Śmiałem się tak bardzo, że znowu upuściłem koszulę do wody.

"Aren't you – you – going to get it out?" said George, laughing.

I could not answer him at all for a while, as I was laughing so hard, but, at last, I managed to say: "It isn't my shirt – it's YOURS!"

I never saw a man's face change so suddenly in all my life before.

"What!" he yelled, jumping up. "You silly cuckoo! Why can't you be more careful what you're doing?"

I tried to make him see the humour of the thing, but he could not.

Harris proposed that we should have scrambled eggs for breakfast. He said he would cook them. It seemed, from his account, that he was very good at doing scrambled eggs. He was quite famous for them.

It made our mouths water to hear him talk about the things, and we handed him the stove and the frying-pan and all the eggs that had not smashed and begged him to begin.

He had some trouble in breaking the eggs – or rather not so much trouble in breaking them exactly as in getting them into the frying-pan when broken. Eventually he got some half-a-dozen into the pan at last.

It seemed like a lot of work. Whenever he went near the pan, he burned himself, and then he would drop everything and dance round the stove swearing.

We did not know what scrambled eggs were, and we fancied that it must be some Red Indian sort of dish that required dances and incantations for its proper cooking. Montmorency went and put his nose over it once, and the fat splashed up and burnt him, and then he began dancing and swearing. Altogether it was one of the most interesting and exciting operations I have ever seen.

The result was not the success that Harris had wanted. There seemed so little to show for the business. Six eggs had gone into the frying-pan, and all that came out was a teaspoonful of burnt looking mess.

– Nie masz zamiaru jej wyciągnąć? – zapytał George, wciąż
się śmiejąc.
Przez chwilę nie byłem w stanie mu odpowiedzieć, tak bar-
dzo się śmiałem, ale, w końcu, udało mi się wydusić:
– To nie jest moja koszula – to TWOJA!
Nigdy w życiu nie widziałem, żeby komuś twarz zmieniła się
tak nagle.
– Co! – wrzasnął, zrywając się na równe nogi. – Ty idioto!
Nie możesz uważać na to, co robisz?
Próbowałem mu uświadomić komizm sytuacji, ale nie udało
mi się.
Harris zaproponował, żebyśmy zjedli jajecznicę na śniadanie. Zaofiarował się, że ją zrobi. Jak sam twierdził, był świet-
ny w robieniu jajecznicy. Słynął z tego.
Ślinka napływała nam do ust, kiedy tak o tym opowiadał,
więc wręczyliśmy mu kuchenkę, patelnię i wszystkie jajka, które jeszcze się nie rozbiły i błagaliśmy, by wreszcie
zaczął.
Miał trochę kłopotów z rozbiciem jajek, a właściwie nie tyle
z rozbiciem ich, co z ich umieszczeniem na patelni, kiedy już
były rozbite. W końcu pół tuzina jajek wylądowało na patelni.
Wydawało się, że jest z tym sporo pracy. Ilekroć Harris
znajdował się w pobliżu patelni, kończyło się to oparzeniem,
a wtedy upuszczał wszystko i zaczynał tańczyć wokół kuchenki i przeklinać.
Nie bardzo wiedzieliśmy, jaka to ma być potrawa i wydawało nam się, że musi to być jakieś danie czerwonoskórych
Indian, którego odpowiednie przygotowanie wymaga tańców
i zaklęć. Montmorency raz podszedł do kuchenki i wsadził
tam swój nos. Prysnął na niego tłuszcz i oparzył go, a wtedy
on również zaczął tańczyć i przeklinać. W sumie było to jedno
z najbardziej interesujących i ekscytujących przedsięwzięć,
jakie kiedykolwiek widziałem.
Rezultat nie stanowił takiego sukcesu, jakiego pragnął
Harris. Niewiele było do pokazania. Sześć jajek zostało wło-
żonych do patelni, a wyjęto z niej łyżeczkę wyglądającej na
spaloną masy.

V. HOW TO DEAL WITH A STEAM-LAUNCH

From Picnic Point to Old Windsor Lock is a delightful part of the river, but after you pass Old Windsor, the river is rather uninteresting and does not become itself again until you are nearing Boveney.

George and I towed up past the Home Park, and we kept going on to a little below Monkey Island, where we ate the cold beef for lunch, and then we found that we had forgotten to bring any mustard. I don't think I have ever felt that I wanted mustard as badly as I wanted it then. I don't care for mustard usually, but I would have given worlds for it then.

I don't know how many worlds there may be in the universe, but anyone who had brought me a spoonful of mustard at that moment could have had them all.

It made everything depressing, there being no mustard. We ate our beef in silence, but we brightened up a bit when George pulled out a tin of pineapple from the bottom of the basket. We are very fond of pineapple, all three of us. We looked at the picture on the tin and thought of the juice. We smiled at one another, and Harris got a spoon ready.

Then we looked for something to open the tin with. We looked everywhere, but there was no tin-opener to be found.

Harris tried to open the tin with a pocket-knife and broke the knife and cut himself badly. George tried with a pair of scissors, and the scissors flew up and nearly put his eye out. Then I tried to make a hole in the thing with the boat hook, and the hook slipped and threw me out of the boat into two feet of muddy water.

V. JAK RADZIĆ SOBIE
Z ŁODZIĄ PAROWĄ

Odcinek od Picnic Point do Old Windsor Lock jest zachwycającym fragmentem rzeki, ale gdy przepłynie się Old Windsor, staje się ona mało interesująca i wraca do swojej prawdziwej postaci dopiero w okolicach Boveney.

George i ja wiosłowaliśmy w górę rzeki wzdłuż Home Park i nieco poniżej Monkey Island zatrzymaliśmy się na lunch. Jedliśmy wołowinę na zimno i odkryliśmy, że zapomnieliśmy wziąć ze sobą musztardę. Nigdy w życiu nie miałem takiej ochoty na musztardę jak wtedy. Zazwyczaj nie zależy mi na niej tak bardzo, ale w tym momencie oddałbym cały wszechświat, żeby ją mieć.

Nie wiem, co prawda, co dokładnie znajduje się we wszechświecie, ale oddałbym go w całości każdemu, kto w tej chwili przyniósłby mi łyżkę musztardy.

Brak musztardy wprowadził nastrój ogólnego przygnębienia. Jedliśmy naszą wołowinę w milczeniu, ale rozpogodziliśmy się nieco, kiedy George wyciągnął z dna koszyka puszkę ananasów. Cała nasza trójka przepada za ananasami. Spojrzeliśmy na obrazek na puszce i pomyśleliśmy o soku. Uśmiechnęliśmy się do siebie, a Harris trzymał w pogotowiu łyżkę.

Potem zaczęliśmy rozglądać się za czymś, czym moglibyśmy tę puszkę otworzyć. Szukaliśmy wszędzie, ale nigdzie nie było otwieracza do puszek.

Harris próbował użyć scyzoryka, ale go złamał, kalecząc się przy tym paskudnie. George wziął nożyczki, które wypadły mu z ręki, wyleciały w powietrze i omal nie wybiły mu oka. Potem ja usiłowałem zrobić w puszce dziurę za pomocą bosaka, ale ten wyślizgnął mi się z ręki i spowodował, że wypadłem za burtę, wprost do głębokiej na dwie stopy błotnistej wody.

After that, we took the tin and beat it into every form known to geometry – but we could not make a hole in it. It made us furious! Finally Harris picked it up and threw it far into the middle of the river. As it sank, we got into the boat and rowed quickly away from the spot.

We got up early on the Monday morning at Marlow, after staying at the "Crown" for the night, and went for a bathe before breakfast. While coming back, though, Montmorency made an awful idiot of himself. Montmorency and I have a serious difference of opinion about cats. I like cats; Montmorency does not.

When I meet a cat, I stop and tickle the side of its head, and the cat sticks up its tail and rubs its nose up against my trousers. When Montmorency meets a cat, the whole street knows about it. I do not blame the dog, for such is the nature of fox-terriers. But Montmorency wished he had not been this way that morning.

We were, as I have said, returning from a swim, and half--way up the High Street a cat came out from one of the houses in front of us and began to walk across the road. Montmorency gave a cry of joy and ran after the cat.

Wreszcie zaczęliśmy walić w puszkę, nadając jej wszystkie znane geometrii kształty – ale nie mogliśmy zrobić w niej dziury. Doprowadzało nas to do wściekłości. W końcu Harris podniósł puszkę i wyrzucił ją daleko na środek rzeki. Gdy zatonęła, wskoczyliśmy do łodzi i jak najszybciej odpłynęliśmy z tego miejsca.

W poniedziałek rano, spędziwszy noc w zajeździe Crown, wstaliśmy wcześnie i przed śniadaniem poszliśmy się wykąpać. Kiedy wracaliśmy, Montmorency straszliwie się wygłupił. Pomiędzy mną a Montmorencym istnieje poważna różnica zdań na temat kotów. Otóż ja lubię koty; Montmorency – nie.

Kiedy spotykam kota, zatrzymuję się i zaczynam łaskotać go w głowę, a on podnosi ogon i ociera się nosem o moje spodnie. Kiedy Montmorency spotyka kota, dowiaduje się o tym cała ulica. Nie winię go za to, taka jest bowiem natura foksterierów. Ale myślę, że Montmorency żałuje, że tego ranka znalazł się właśnie w tym miejscu.

Tak jak powiedziałem, wracaliśmy z porannej kąpieli i kiedy byliśmy w połowie głównej ulicy, z jednego z domów naprzeciwko wyszedł kot i zaczął przechodzić przez jezdnię. Montmorency wydał okrzyk radości i pognał za nim.

His victim was a large black Tom. I never saw such a cat before. It had lost half its tail, one of its ears and a large part of its nose. It was a long, tough-looking animal.

Montmorency went for that poor cat at the rate of twenty miles an hour, but the cat did not hurry up. It walked quietly on until its would-be killer was within a yard of it, and then it turned round and sat down in the middle of the road and looked at Montmorency.

Montmorency isn't a coward, but there was something about the look of that cat. He stopped suddenly and looked back at Tom.

Neither spoke, but you could imagine the conversation:

THE CAT: "Can I do anything for you?"

MONTMORENCY: "No – no, thanks."

THE CAT: "If you really want something, please say so."

MONTMORENCY (BACKING DOWN THE STREET): "Oh, no – not at all – certainly – don't you trouble yourself. I – I am afraid I've made a mistake. I thought I knew you. Sorry I disturbed you."

THE CAT: "Not at all – quite a pleasure. Sure you don't want anything, now?"

Był to ogromny, czarny kocur. Nigdy takiego wcześniej nie widziałem. Nie miał połowy ogona, jednego ucha, sporej części nosa i wyglądał mi na twardziela.

Montmorency biegł w kierunku tego biedaka z prędkością dwudziestu mil na godzinę, ale kot nie przyspieszył kroku. Szedł spokojnie przed siebie do momentu, w którym jego potencjalny zabójca nie znalazł się w odległości jarda, po czym odwrócił się, usiadł na środku drogi i wlepił wzrok w Montmorency'ego.

Montmorency nie jest tchórzem, ale w spojrzeniu tego kota było coś dziwnego. Zatrzymał się więc, żeby mu się przyjrzeć.

Żaden się nie odezwał, ale rozmowa mogłaby brzmieć tak:

KOT: W czymś mogę pomóc?

MONTMORENCY: Nie... nie trzeba, dziękuję.

KOT: Jeśli naprawdę czegoś potrzeba, proszę powiedzieć.

MONTMORENCY (WYCOFUJĄC SIĘ W DÓŁ ULICY): Och, nie... nie, z całą pewnością, nie ma problemu. Ja... ja obawiam się, że się pomyliłem. Myślałem, że się znamy. Przepraszam, że przeszkodziłem.

KOT: Nie szkodzi, przyjemność po mojej stronie. Na pewno nic nie trzeba?

MONTMORENCY (STILL BACKING): "Not at all, thanks – not at all – very kind of you. Good morning."

THE CAT: "Good-morning."

Then the cat rose and continued his walk. Montmorency, putting his tail between his legs, came back to us. To this day, if you say the word "Cats!" to Montmorency, he will visibly shrink and look up at you, as if to say: "Please don't."

We did our shopping after breakfast and brought enough food back the boat for three days. We had so many things that when we got down to the landing-stage, the boatman said:

"Let me see, sir, was yours a steam-launch or a house-boat?"

When we told him it was a smaller boat, he seemed surprised.

We had a good deal of trouble with steam-launches that morning. They were going up the river in large numbers – some by themselves, some towing houseboats. I do hate steam-launches. I suppose every rowing man does.

There is something about a steam-launch that brings out every evil instinct in my nature, and I long for the good old days when you could go about and tell people what you thought of them with a hatchet and a bow and arrows.

I think I can honestly say that our one small boat, during that week, caused more annoyance and delay and aggravation to the steam-launches that we came across than all the other boats on the river put together.

"Steam-launch, coming!" one of us would cry out, noticing the enemy in the distance. I would take the lines, and Harris and George would sit down beside me, all of us with our backs to the launch, and the boat would drift out quietly into mid-stream. On would come the launch, whistling, and on we would go, drifting. At about a hundred yards off, she would start whistling like mad, and the people would come and lean over the side and yell at us, but we never heard them! Harris would be telling us a story about his mother, and George and I would not have missed a word of it for worlds.

Then that launch would give a whistle that would nearly burst the boiler, and she would eventually reverse her engines. Everyone on board it would yell at us, and the people on the bank would stand and shout to us, and all the other passing boats would stop and join in. Then Harris

MONTMORENCY (WCIĄŻ SIĘ WYCOFUJĄC): Nie, nie, dziękuję, to bardzo uprzejme, ale nie. Miłego ranka.
KOT: Nawzajem!
Potem kot podniósł się i poszedł w swoją stronę. Montmorency z podwiniętym ogonem wrócił do nas. Po dziś dzień, kiedy tylko powiesz do niego słowo „koty", cały się kurczy i patrzy na ciebie błagalnie, jakby mówiąc: „proszę, nie."

Po śniadaniu zrobiliśmy zakupy i nagromadziliśmy zapasy jedzenia na trzy dni. Byliśmy tak obładowani, że kiedy zeszliśmy na pomost, pracownik obsługi zapytał:

– Czy mają panowie łódź parową czy mieszkalną?

Kiedy mu powiedzieliśmy, że to była mała łódź, wydawał się zaskoczony.

Tego ranka mieliśmy sporo kłopotów z łodziami parowymi. Ogromne ich ilości płynęły w górę rzeki – niektóre same, inne ciągnęły łodzie mieszkalne. Naprawdę nienawidzę łodzi parowych. Przypuszczam, że każdy wioślarz ich nienawidzi.

Jest w nich coś takiego, co wyzwala we mnie najgorsze instynkty i sprawia, że tęsknię za starymi, dobrymi czasami, kiedy można było mówić ludziom, co się o nich myśli za pomocą topora, łuku i strzał.

Myślę, że mogę uczciwie powiedzieć, że w tym tygodniu jedna nasza mała łódka przysporzyła napotkanym przez nas łodziom parowym więcej nerwów, irytacji i opóźnień, niż wszystkie inne łodzie na rzece razem wzięte.

– Uwaga, łódź parowa! – krzyczał któryś z nas, widząc wroga na horyzoncie. Siadaliśmy wówczas obok siebie odwróceni tyłem do parowca, a nasza łódź dryfowała sobie spokojnie na środek rzeki. Parowiec nadpływał w naszym kierunku, gwiżdżąc, a my sobie dryfowaliśmy. Kiedy był już w odległości stu jardów, zaczynał gwizdać jak szalony, ludzie przechylali się przez burty i krzyczeli na nas, ale my w ogóle ich nie słyszeliśmy! Harris opowiadał nam historię o swojej matce, a my za nic w świecie nie uronilibyśmy z niej ani słowa.

Wtedy parowiec wydawał z siebie gwizd, który o mało nie powodował wybuchu kotła, i w końcu zaczynał się cofać. Wszyscy, którzy się znajdowali na pokładzie wrzeszczeli na nas, również ludzie na brzegu zatrzymywali się i krzyczeli. Przepływające obok łodzie także stawały i dołączały się do tych wrzasków. Wtedy Harris przerywał opowiadanie

would stop in the most interesting part of his story and look up with mild surprise and say to George: "Why, Geo-rge, it's a steam-launch!"

And George would answer: "Well, you know, I THOUGHT I heard something!"

We found ourselves out of water at Hambledon Lock, so we took our jar and went up to the lock-keeper's house to ask for some.

George smiled and said: "Please, could we have a little water?"

"Certainly," replied the old gentleman. "Take as much as you want and leave the rest."

"Thank you so much," said George, looking about him. "Where do you keep it?"

"It's always in the same place my boy," was the reply as he pointed up and down the stream, "just behind you."

"Oh!" exclaimed George, "but we can't drink the river, you know!"

"No, but you can drink SOME of it," replied the old fellow. "It's what I've drunk for the last fifteen years."

After a careful look at the old fellow, George told him that he would prefer it out of a pump.

We got some from a cottage a little higher up. I'm sure THAT was only river water, if we had known. But we did not know, so it was all right.

We tried river water once, but it was not a success. We were coming down stream and had decided to have tea near Windsor. Our jar was empty, and it was a case of going without our tea or taking water from the river. Harris was for giving it a try. He said it must be all right if we boiled the water. So we filled our kettle with Thames water and boiled it. We had made the tea and were just settling down comfortably to drink it, when George, with his cup half-way to his lips, paused and shouted: "What's that?"

Harris and I looked and saw, coming down towards us in the river, a dog. It was one of the quietest dogs I have ever seen. It was floating on its back with its four legs stuck up straight into the air. On he came, calmly, until he reached the bank, and there, among the grass, he stopped and settled down for the evening.

najbardziej interesującej części swojej historii, spoglądał w górę i mówił do George'a: „Popatrz, George, łódź parowa!"

A George odpowiadał: „Wiesz, tak mi się WYDAWAŁO, że coś słyszę!"

W Hambledon Lock skończyła się nam woda, wzięliśmy więc dzbanek i poszliśmy do domu, w którym mieszkał śluzowy, poprosić, żeby nam trochę dał.

– Czy możemy dostać trochę wody? – poprosił George z uśmiechem.

– Oczywiście – odpowiedział starszy pan. – Weźcie, ile chcecie, a resztę zostawcie.

– Bardzo dziękuję – powiedział George, rozglądając się dokoła. – A gdzie ją pan trzyma?

– Jest zawsze w tym samym miejscu, mój chłopcze – zabrzmiała odpowiedź i człowiek wskazał na rzekę – tuż za tobą.

– Och! – wykrzyknął George – ale nie możemy przecież wypić rzeki!

– Całej nie, ale możecie wypić jej część – odpowiedział stary. – To jest to, co ja piję przez ostatnie piętnaście lat.

George dokładnie mu się przyjrzał i stwierdził, że on wolałby raczej wodę z pompy.

Dostaliśmy trochę wody w domku powyżej. Jestem pewien, że to również była woda z rzeki, ale skoro o tym nie wiedzieliśmy, to wszystko było w porządku.

Chcieliśmy raz spróbować wody z rzeki, ale nie wyszło najlepiej. Płynęliśmy w dół rzeki i postanowiliśmy zatrzymać się na herbatę w pobliżu Windsoru. Dzban był pusty i mieliśmy do wyboru albo płynąć dalej, nie pijąc herbaty, albo zaczerpnąć wody z rzeki. Harris był za tym, żeby spróbować. Powiedział, że jeśli się ją zagotuje, to będzie dobra. Napełniliśmy więc czajnik wodą z Tamizy i zagotowaliśmy ją. Zrobiliśmy herbatę i właśnie sadowiliśmy się wygodnie, żeby ja wypić, kiedy George, z filiżanką wpół drogi do ust zamarł, a potem wrzasnął:

– Co to jest?

Harris i ja zobaczyliśmy płynącego w dół rzeki w naszym kierunku psa. Był to najspokojniejszy pies, jakiego kiedykolwiek w życiu widziałem. Unosił się na wodzie, leżąc na grzbiecie, z łapami sterczącymi w powietrzu. Dopłynął spokojnie do brzegu, by tam znaleźć schronienie wśród traw.

George said he didn't want any tea, and emptied his cup into the river. Harris did not feel thirsty, either, and did the same. I had drunk half mine, but I wished I had not.

We went half-way up to Wargrave and got out for lunch, and it was during this lunch that George and I received a shock. Harris received a shock, too, but I do not think Harris's shock could have been as bad as the shock that George and I had.

We were sitting in a field, about ten yards from the water's edge, and we had just sat down comfortably to eat. Harris had the beefsteak pie between his knees and was cutting into it, and George and I were waiting with our plates ready.

"Have you got a spoon there?" says Harris.

The basket was close behind us, and George and I both turned round to get one out. We were not five seconds getting it, but when we looked round again, Harris and the pie were gone!

It was a wide, open field. There was not a tree or a bush for hundreds of yards. He could not have fallen into the river, because we were on the water side of him, and he would have had to climb over us to do it.

George and I looked all about. Then we looked at each other.

"Has he been taken up to heaven?" I asked.

"They wouldn't have taken the pie too," said George.

"I suppose that there has been an earthquake," suggested George.

And then he added, with sadness in his voice: "I wish he hadn't been cutting that pie."

We turned our eyes once more towards the spot where Harris and the pie had last been seen on earth, and there, as our blood froze and our hair stood up on end, we saw Harris's head – and nothing but his head – sticking up from the tall grass, the face very red with an expression of great anger!

George was the first to recover.

"Speak!" he cried, "and tell us whether you are alive or dead – and where is the rest of you?"

"Oh, don't be a stupid idiot!" said Harris's head. "I believe you did it on purpose."

George oznajmił, że już nie chce herbaty i wylał zawartość swojej filiżanki do rzeki. Harris też już nie czuł pragnienia, ani ja, szkoda tylko, że już zdążyłem wypić połowę mojej.

W połowie drogi do Wargrave wysiedliśmy, żeby zjeść lunch i właśnie w czasie tego lunchu George i ja przeżyliśmy szok. Harris również przeżył szok, ale myślę, że nieporównanie mniejszy niż ja i George.

Siedzieliśmy na łące, jakieś dziesięć jardów od brzegu rzeki, i zadowoleni zabieraliśmy się do jedzenia. Harris trzymał pieróg nadziewany wołowiną na kolanach i kroił go na kawałki, a George i ja czekaliśmy z talerzami w rękach.

– Macie tam łyżkę? – zapytał Harris.

Koszyk był za nami i obaj z George'em równocześnie się odwróciliśmy, żeby sięgnąć po łyżkę. Nie trwało to nawet pięciu sekund, ale kiedy spojrzeliśmy z powrotem, Harrisa i pieroga już nie było!

Była to szeroka, otwarta przestrzeń, bez ani jednego drzewa czy krzaczka w promieniu kilkuset jardów. Nie mógł wpaść do rzeki, bo żeby się tam dostać, musiałby najpierw sforsować nas, siedzących między nim a rzeką.

George i ja rozejrzeliśmy się wokół, a potem spojrzeliśmy na siebie.

– Czy on został wniebowzięty? – zapytałem.

– Nie wzięliby go razem z pierogiem – odpowiedział George. – Może było trzęsienie ziemi?

Po czym dodał ze smutkiem w głosie:

– Szkoda, że kroił ten pieróg.

Jeszcze raz skierowaliśmy wzrok ku miejscu, gdzie po raz ostatni widzieliśmy Harrisa żywego i ujrzeliśmy coś, co zmroziło nam krew w żyłach i sprawiło, że włosy stanęły nam na głowie. Zobaczyliśmy głowę Harrisa – i tylko głowę – wystającą z wysokiej trawy, z twarzą czerwoną z wściekłości!

George pierwszy doszedł do siebie.

– Przemów! – zawołał – i powiedz nam, czy jesteś żywy, czy martwy, i gdzie jest reszta twojej osoby?

– Nie bądź kretynem! – powiedziała głowa Harrisa – wiem, że zrobiliście to specjalnie.

"Did what?" exclaimed George and I.

"Why, you made me sit here – darn silly trick! Here, catch hold of the pie."

And out of the middle of the earth, as it seemed to us, rose the pie – very much mixed up and damaged – and, after it came Harris – dirty and wet.

He had been sitting, without knowing it, on the very edge of a small gully, the long grass hiding it from view, and when leaning a little back, he had fallen into it, pie and all.

Harris believes to this day that George and I planned it all beforehand.

– Co zrobiliśmy? – wykrzyknęliśmy równocześnie.

– Jak to co? Kazaliście mi tu usiąść. Cholernie głupia sztuczka! Chodźcie tu i weźcie tego pieroga.

I nagle z wnętrza ziemi – jak nam się zdawało – wyłonił się pieróg, mocno sfatygowany i bezkształtny, a zaraz po nim Harris, brudny i mokry.

Okazało się, że siedział, nie wiedząc o tym, na krawędzi niewielkiego rowu, zasłoniętego przez wysoką trawę, i kiedy trochę odchylił się do tyłu, wpadł do niego, a razem z nim pieróg i wszystko.

Harris do dziś dnia wierzy, że wszystko z góry zaplanowaliśmy.

VI. THE SWAN BATTLE

We decided to stay at one of the Shiplake islands for the night, and as it was still early when we got settled, George said that it would be a great occasion to try a good, huge supper. He suggested that, with the vegetables and the remains of the cold beef and general odds and ends, we should make an Irish stew.

It seemed a fascinating idea. George gathered wood and made a fire, and Harris and I started to peel the potatoes. I should never have thought that peeling potatoes was such work. The job turned out to be the biggest thing of its kind that I had ever been in. We began cheerfully, but our light-heartedness was gone by the time the first potato was finished. The more we peeled, the more peel there seemed to be left on. By the time we had got all the peel off, there was no potato left – at least none worth speaking of. George came and had a look at it – it was about the size of a peanut. He said: "Oh, that won't do! You're wasting them. You must scrape them."

So we scraped them, and that was harder work than peeling. We worked for twenty-five minutes and did four potatoes.

George said you couldn't have only four potatoes in an Irish stew, so we washed half-a-dozen or so more and put them in without peeling. We also put in a cabbage and some peas. George stirred it all up, and then he said that there seemed to be a lot of room left, so we emptied both the baskets and picked out all the odds and ends and added them to the stew.

I forget the other ingredients, but I know nothing was wasted. I remember that, towards the end, Montmorency, who was greatly interested, came up with a dead water-rat in his mouth, which he clearly wished to add to the dinner.

VI. BITWA ŁABĘDZI

Postanowiliśmy przenocować na jednej z wysp Shiplake, a ponieważ było jeszcze dość wcześnie, gdy dotarliśmy na miejsce, George stwierdził, że jest to wspaniała okazja, żeby urządzić sobie wystawną kolację. Uznał, że skoro mamy warzywa, resztki wołowiny na zimno, a także całe mnóstwo innych resztek, powinniśmy zrobić gulasz.

Pomysł wydawał się fascynujący. George pozbierał drewno i rozpalił ognisko, a Harris i ja zaczęliśmy obierać ziemniaki. Nigdy nie sądziłem, że obieranie ziemniaków jest taką ciężką pracą. Właściwie był to najcięższy kawał tego rodzaju roboty, z jakim miałem kiedykolwiek do czynienia. Zaczęliśmy ochoczo, ale nasz radosny i beztroski nastrój prysnął bezpowrotnie wraz z pierwszym ukończonym ziemniakiem. Im dłużej bowiem go obieraliśmy, tym więcej wydawało się być na nim łupiny. Kiedy nie było już ani śladu łupiny, nie było również ziemniaka – w każdym razie niczego, co zasługiwałoby na tę nazwę. Kiedy George zobaczył, co zostało z ziemniaka – a było to wielkości orzecha ziemnego – powiedział:

– Nie może tak być! Marnujecie je. Musicie je skrobać.

A więc skrobaliśmy, co okazało się jeszcze cięższą pracą niż obieranie. Pracowaliśmy przez dwadzieścia pięć minut i oskrobaliśmy cztery ziemniaki.

George stwierdził, że cztery ziemniaki w gulaszu to za mało, więc umyliśmy jeszcze około pół tuzina i dorzuciliśmy do garnka bez obierania. Dołożyliśmy również kapustę i trochę groszku. George wymieszał wszystko i oznajmił, że jest jeszcze mnóstwo miejsca, więc opróżniliśmy dwa koszyki ze wszystkich resztek i dorzuciliśmy je do gulaszu.

Zapomniałem już pozostałych składników, ale wiem, że nic nie zostało zmarnowane. Pamiętam, że pod koniec Montmorency, bardzo zainteresowany, przyniósł w pysku martwego szczura, którego wyraźnie chciał dorzucić do garnka.

We had a discussion as to whether the rat should go in or not. Harris said that he thought it would be all right, but George said he had never heard of water-rats in Irish stew, and he would rather not try experiments.

It was a great success, that Irish stew. I don't think I ever enjoyed a meal more. There was something so fresh about it. Here was a dish with a new flavour, with a taste like nothing else on earth.

We finished up with tea and cherry tart, and while making tea, Montmorency had a fight with the kettle – and lost.

Throughout the trip, he was very curious about the kettle. He would sit and watch it as it boiled and then growl at it. When it began to steam, he would want to fight it, but at that moment, some one would always take it away before he could get at it.

Today he determined he would be quicker. At the first sound the kettle made, he got up, growling, and moved towards it in a threatening manner. Then he rushed at that poor little kettle and grabbed it with his teeth.

Then, across the evening stillness, there was a blood-curdling howl, and Montmorency left the boat and ran three times round the island at the rate of thirty-five miles an hour, stopping every now and then to bury his nose in a bit of cool mud.

From that day onward, whenever Montmorency saw the kettle, he would growl and back away from it, then climb out of the boat and sit on the bank till the whole tea business was over.

George got out his banjo after supper and wanted to play it, but Harris said he had got a headache and did not feel strong enough to stand it. George thought the music might do him good, and he played two or three notes, just to show Harris what it was like.

Harris said he would rather have the headache.

George has never learned to play the banjo to this day. He tried on two or three evenings while we were up the river to get a little practice, but it was never a success. Harris never did like it, and Montmorency would sit and howl right through the performance. It was not giving the man a fair chance.

Wywiązała się dyskusja na temat ewentualnego dodania szczura do gulaszu. Harris stwierdził, że jego zdaniem to dobry pomysł, ale George powiedział, że nigdy nie słyszał o szczurach wodnych w gulaszu, i że nie będzie eksperymentował. Danie okazało się wielkim sukcesem. Nigdy żaden posiłek nie smakował mi tak bardzo. Było w nim coś świeżego, było to danie o nowym i niezwykłym smaku, nieprzypominającym żadnego innego na świecie.

Kolację zakończyliśmy herbatą i tartą wiśniową, a podczas robienia herbaty Montmorency stoczył bitwę z czajnikiem – i przegrał.

Podczas całej podróży czajnik budził w nim ogromne zaciekawienie. Siadał przy nim i obserwował, jak gotuje się woda i warczał. Kiedy para zaczynała gwizdać, ruszał do walki, ale zawsze w tym momencie któryś z nas zabierał czajnik, zanim pies zdołał się do niego dobrać.

Dzisiaj Montmorency postanowił, że będzie szybszy. Na pierwszy wydany przez czajnik dźwięk podniósł się, warcząc, i ruszył groźnie w jego kierunku. A potem rzucił się na biedny mały czajnik i chwycił go w zęby.

I wtedy w ciszy wieczoru rozległo się mrożące krew w żyłach wycie. Montmorency wyskoczył z łodzi i obiegł wyspę trzy razy z prędkością trzydziestu pięciu mil na godzinę, zatrzymując się od czasu do czasu, żeby wsadzić nos w zimne błoto.

Od tej pory, gdy tylko Montmorency widzi czajnik, warczy i odsuwa się jak najdalej, potem wyskakuje z łodzi i czeka na brzegu, aż skończy się cała procedura robienia herbaty.

Po kolacji George wyjął banjo i chciał coś zagrać, ale Harris powiedział, że boli go głowa i że tego nie zniesie. George był zdania, że muzyka przyniesie mu ulgę i zagrał kilka dźwięków, żeby pokazać Harrisowi, jak to działa.

Harris oznajmił, że woli już, żeby bolała go głowa.

George nie uczył się wcześniej grać na banjo. W czasie naszej podróży próbował trochę ćwiczyć przez dwa czy trzy wieczory, ale bez powodzenia. Harrisowi nigdy się to nie podobało, a Montmorency siedział i wył przez cały występ. Trudno to było nazwać dawaniem człowiekowi szansy.

"What's he want to howl like that for when I'm playing?" George would shout, while taking aim at him with a boot.

"What do you want to play like that for when he is howling?" Harris would reply, catching the boot. "You let him alone. He can't help howling. He's got a musical ear, and your playing MAKES him howl."

Harris was irritable after supper – I think it must have been the stew that had upset him – so George and I left him in the boat and decided to go for a walk round Henley. He said he would have a glass of whisky and a pipe and fix things up for the night. We were to shout when we returned, and he would row over from the island and get us.

Henley was quite busy that evening. We met a good number of men we knew about the town, and it was nearly eleven o'clock before we set off on our four-mile walk back to the boat.

It was a cold night with a light rain falling, and as we walked through the dark, silent fields, talking to each other, we thought of the warm, dry boat and of Harris, Montmorency and the whisky, and we wished that we were there.

We reached the tow-path at last, and that made us happy because we had not been sure whether we were walking towards the river or away from it. We passed Shiplake at a quarter to twelve, and then George said:

"You don't happen to remember which of the islands it was, do you?"

"No," I replied, "I don't. How many are there?"

"Only four," answered George. "It will be all right, if he's awake."

We shouted when we came opposite the first island, but there was no answer, so we went to the second and tried there, but with the same result.

"Oh! I remember now," said George, "it was the third one."

And we ran on hopefully to the third one and shouted.

No answer!

It was now past midnight. The hotels at Shiplake and Henley would be full, and we could not go round, knocking on cottage doors in the middle of the night! George suggested walking back to Henley and attacking a policeman so we could get a night's sleep in the police station. But then there was the thought, "Suppose he only hits us back and refuses to lock us up!"

– Czemu on tak wyje, kiedy gram? – krzyczał George, celując w psa butem.

– Dlaczego ty tak grasz, kiedy on wyje? – odpowiadał Harris, łapiąc but. – Zostaw go w spokoju. Nic nie poradzisz na to wycie. On ma muzykalne ucho i wyje, kiedy słyszy twoją grę.

Harris był rozdrażniony po kolacji – myślę, że musiało to być z powodu gulaszu – więc zostawiliśmy go w łodzi i postanowiliśmy z George'em przejść się po Henley. Harris powiedział, że wypije sobie szklaneczkę whisky, wypali fajkę i przygotuje wszystko na noc. Umówiliśmy się, że będziemy krzyczeć, jak wrócimy, a wtedy on podpłynie po nas do brzegu.

W Henley panował dość spory ruch tego wieczoru. Spotkaliśmy wielu znajomych i była prawie jedenasta, kiedy wyruszyliśmy w naszą czteromilową drogę powrotną do łodzi.

Noc była zimna i padał drobny deszcz, i kiedy tak szliśmy przez ciemne, milczące pola, rozmawiając ze sobą, myśleliśmy o ciepłej, suchej łodzi, o Harrisie, Montmorency'ym i o whisky, i żałowaliśmy, że nas tam nie ma.

W końcu dotarliśmy do ścieżki holowniczej, co nas bardzo ucieszyło, ponieważ nie byliśmy pewni, czy idziemy w kierunku rzeki, czy też oddalamy się od niej. Za kwadrans dwunasta minęliśmy Shiplake i wtedy George powiedział:

– Nie pamiętasz przypadkiem, która to była wyspa?

– Nie – odparłem – nie pamiętam. Ile ich jest?

– Tylko cztery. Będzie dobrze, byleby tylko Harris nie spał.

Zaczęliśmy krzyczeć na wysokości pierwszej wyspy, ale nie było żadnego odzewu, więc poszliśmy pod drugą i spróbowaliśmy tam, z tym samym skutkiem.

– O, teraz pamiętam – powiedział George – to była trzecia wyspa.

Pobiegliśmy pełni nadziei do trzeciej wyspy i zawołaliśmy. Żadnej odpowiedzi!

Było już po północy. Hotele w Shiplake i Henley były z pewnością pełne, a nie mogliśmy przecież chodzić od domu do domu i pukać do drzwi w środku nocy! George zaproponował powrót do Henley i zaatakowanie jakiegoś policjanta, co mogłoby nam zapewnić nocleg na posterunku. Ale zaraz potem pojawiła się myśl: „A co, jeśli on nas też uderzy i nie aresztuje?"

We could not pass the whole night fighting policemen. Besides, we did not want to overdo it and get locked up for six months.

We tried the fourth island, but had no better success. The rain was coming down fast now, and we were wet to the skin and cold and miserable.

Just when we had given up all hope – yes, I know that is always the time that things do happen in novels and tales, but I can't help it. It WAS just when we had given up all hope, and I must therefore say so. Just when we had given up all hope, then, I suddenly saw a strange sort of light among the trees on the opposite bank. For an instant I thought of ghosts, but in the next moment I thought it was our boat, and I yelled across the water.

We waited for a minute, and then we heard the answering bark of Montmorency. We shouted back loud enough to wake the dead, and, after what seemed an hour, but what was really, I suppose, about five minutes, we saw the lighted boat moving slowly over the blackness, and heard Harris's sleepy voice asking where we were.

There was a strangeness about Harris. It was something more than just tiredness. He had a sad expression on his face, and he gave you the idea of a man who had been through trouble. We asked him if anything had happened, and he said:

"Swans!"

It seemed we had landed close to a swans' nest, and, soon after George and I had gone, two swans came back and tried to argue about it. Harris said he had had quite a fight with these two swans, but in the end he won.

Half-an-hour afterwards they returned with eighteen other swans! It must have been a terrible battle, according to Harris's version of it. The swans had tried to drag him and Montmorency out of the boat and drown them, and he had defended himself like a hero for four hours and had killed the lot, and they had all swum away to die.

"How many swans did you say there were?" asked George.

"Thirty-two," replied Harris, sleepily.

"You said eighteen just now," said George.

"No, I didn't," said Harris. "I said twelve. Think I can't count?"

Nie mogliśmy spędzić nocy na walkach z policjantami. Poza tym nie chcieliśmy przesadzić i trafić do aresztu na sześć miesięcy.

Spróbowaliśmy przy czwartej wyspie, ale równie bezskutecznie. Deszcz padał teraz bardziej intensywnie, byliśmy już przemoczeni do suchej nitki, zmarznięci i nieszczęśliwi.

Kiedy już straciliśmy wszelką nadzieję... Tak, wiem, że tak zawsze się dzieje w baśniach i powieściach, ale nic na to nie poradzę. To BYŁO właśnie wtedy, kiedy straciliśmy wszelką nadzieję, a więc muszę tak powiedzieć. Kiedy więc już straciliśmy wszelką nadzieję, nagle zobaczyłem jakieś dziwne światło między drzewami na przeciwległym brzegu. W pierwszej chwili pomyślałem, że to duchy, ale zaraz potem, że to może być nasza łódź i krzyknąłem w tamtą stronę.

Po minucie usłyszeliśmy, jak Montmorency odszczekuje w odpowiedzi. Wrzasnęliśmy tak głośno, że umarłego byśmy obudzili i po upływie – jak nam się wydawało – godziny (a w rzeczywistości niespełna pięciu minut) zobaczyliśmy oświetloną łódź, poruszającą się powoli w ciemności i usłyszeliśmy zaspany głos Harrisa, który pytał, gdzie jesteśmy.

Z Harrisem działo się coś dziwnego. Było to coś więcej niż tylko zmęczenie. Miał bardzo smutny wyraz twarzy i sprawiał wrażenie człowieka, który ma za sobą duże kłopoty. Zapytaliśmy, czy coś się stało, i usłyszeliśmy:

– Łabędzie!

Wyglądało na to, że zatrzymaliśmy się w pobliżu gniazda łabędzi i wkrótce po tym, jak wyszliśmy z George'em, dwa z nich powróciły i usiłowały przepędzić intruzów. Harris powiedział, że musiał stoczyć z nimi walkę, ale że zwyciężył.

Po pół godzinie łabędzie powróciły z osiemnastoma innymi! Jeśli wierzyć Harrisowi, nastąpiła straszliwa bitwa. Łabędzie próbowały wyciągnąć jego i Montmorency'ego z łodzi i zatopić ich. Harris bronił się bohatersko przez cztery godziny i pozabijał je wszystkie, a ich ciała odpłynęły w siną dal na wieczny odpoczynek.

– Mówiłeś, że ile było tych łabędzi? – zapytał George.

– Trzydzieści dwa – odparł Harris sennie.

– Powiedziałeś, że osiemnaście – zaprotestował George.

– Nie, nie powiedziałem. Mówiłem, że dwanaście. Uważasz, że nie potrafię liczyć?

What the real facts were about these swans we never found out. We questioned Harris on the subject in the morning, and he said, "What swans?" and seemed to think that George and I had been dreaming.

When we were back in the boat, we ate a large supper, George and I, and we would have had some whisky after it, but we could not find it. We asked Harris what he had done with it, but he did not seem to know what we meant by "whisky" or what we were talking about at all. Montmorency looked as if he knew something, but he said nothing.

The next morning we set out at about ten on what we had determined should be a good day's journey.

We agreed that we would row this morning, as a change from towing, and Harris thought the best arrangement would be that George and I should row while he steered. I did not like this idea at all. I said I thought Harris and George should work and let me rest a bit. It seemed to me that I was doing more than my fair share of the work on this trip.

Nigdy nie odkryliśmy, jak to było naprawdę z tymi łabędziami. Wypytywaliśmy o nie Harrisa następnego dnia rano, ale on zdziwił się: „Jakie łabędzie?" i wydawał się być przekonany, że mnie i George'owi coś się śniło.

Po powrocie na łódź ja i George zjedliśmy ogromną kolację, po której mieliśmy ochotę na whisky, ale nigdzie nie mogliśmy jej znaleźć. Zapytaliśmy Harrisa, co z nią zrobił, ale sprawiał wrażenie, jakby nie wiedział, o czym w ogóle mówimy. Wyglądało na to, że Montmorency coś wie, ale nic nie powiedział.

Następnego ranka wyruszyliśmy około dziesiątej, planując całodniową podróż.

Uzgodniliśmy, że tym razem będziemy wiosłować, dla odmiany, i Harris stwierdził, że najlepszym rozwiązaniem będzie, jeśli on zajmie się sterem, a my z George'em siądziemy do wioseł. Wcale nie podobał mi się ten pomysł. Powiedziałem, że to Harris i George powinni pracować, a mnie należy się trochę odpoczynku. Miałem wrażenie, że w czasie tej podróży robię dużo więcej, niż do mnie należy.

It always does seem to me that I am doing more work than I should do. It is not that I object to the work, mind you. I like work. It fascinates me. I can sit and look at it for hours.

You cannot give me too much work. To collect work has almost become a passion with me. My study is so full of it now that there is hardly an inch of room for any more.

And I am careful of my work, too. Some of the work that I have by me now has been in my possession for years and years, and there isn't a finger-mark on it. I take a great pride in my work. No man keeps his work in better condition than I do.

In a boat, I have always noticed that each member of the crew thinks that he is doing everything. Harris believed that it was he alone who had been working, and that both George and I should do something for a change. George, on the other hand, had the opinion that it was he – George himself – who had done everything worth speaking of.

"Fancy old George talking about work!" Harris laughed. "Why, about half-an hour of it would kill him. Have you ever seen George work?" he said to me.

I agreed with Harris that I never had – certainly not since we had started on this trip.

"Well, I don't see how YOU can know much about it," George replied to Harris, "for I'm sure you've been asleep half the time."

I had to support George. Harris had been very little good in the boat, so far as helping was concerned, from the beginning.

"Well, I've done more than old J., anyhow," said Harris.

"Well, you couldn't have done less," added George.

"I suppose J. thinks he is the passenger," continued Harris.

And that was their thanks to me for having brought them and their horrible old boat all the way up from Kingston, and for having managed everything for them and taken care of them. It is the way of the world.

We settled the present difficulty by arranging that Harris and George should row up past Reading, and that I should tow the boat on from there.

Zawsze mam wrażenie, że pracuję więcej niż powinienem. Uprzedzam, że nie chodzi o to, że mam coś przeciwko pracy. Lubię ją. Wręcz mnie fascynuje. Mogę siedzieć i patrzeć na nią godzinami.

Nigdy nie mam dość pracy. Jej gromadzenie stało się dla mnie niemalże pasją. Mój gabinet jest nią teraz wypełniony do tego stopnia, że nie ma już ani odrobiny miejsca na więcej.

Traktuję ją z ogromną troską. Niektóre rzeczy, które mam do zrobienia są ze mną już od lat i nie ma na nich nawet śladu dotknięcia. Jestem z mojej pracy bardzo dumny. Nikt nie utrzymuje swojej pracy w tak idealnym stanie jak ja.

Zauważyłem, że na łodzi każdy członek załogi uważa, że to on wszystkim się zajmuje. Harris sądził, że jest jedynym, który pracuje, i że to ja i George powinniśmy teraz czymś się zająć. George z kolei był zdania, że to właśnie on wykonał całą liczącą się robotę.

– Stary George, który mówi o pracy! – śmiał się Harris. – Przecież już pół godziny pracy by go zabiło. Widziałeś kiedykolwiek, żeby George pracował?

Powiedziałem, że nie, a już z pewnością nie w czasie naszej podróży.

– No cóż, nie rozumiem, jak TY możesz cokolwiek o tym wiedzieć – odpowiedział Harrisowi George – skoro połowę tego czasu przespałeś.

Musiałem się zgodzić z George'em. Jeśli chodzi o pomoc na łodzi, Harris był od samego początku niezbyt przydatny.

– W każdym razie zrobiłem więcej niż stary J. – stwierdził Harris.

– No tak, nie dało się już zrobić mniej – zgodził się George.

– Przypuszczam, iż J. sądzi, że jest pasażerem – ciągnął Harris.

I to była ich wdzięczność dla mnie za to, że prowadziłem ich i tę ich okropną starą łódź całą drogę od Kingston, i za to, że wszystko im załatwiłem, i że się nimi zajmowałem. Taki jest, niestety, świat.

Obecną trudność rozwiązaliśmy ustalając, że Harris i George będą wiosłować aż do Reading, a stamtąd łódź będę holować ja.

We came in sight of Reading about eleven. The river is
dirty and ugly here, but at Reading lock we met up with
a steam-launch belonging to some friends of mine, and
they towed us up to within about a mile of Streatley.

It is very delightful being towed up by a launch. I prefer
it myself to rowing. The run would have been more delightful if it had not been for a lot of small boats that were
continually getting in the way of our launch. It is really
most annoying the way these rowing boats get in the way
of one's launch up the river. Something ought to be done
to stop it.

You can whistle till you nearly burst your boiler before
they will trouble themselves to hurry. I would have one or
two of them run down now and then, if I had my way, just
to teach them all a lesson.

My friends' launch took us just below the grotto, and
then Harris tried to tell me that it was my turn to row. This
seemed to me most unreasonable. It had been arranged in
the morning that I should bring the boat up to three miles
above Reading. Well, here we were, ten miles above Reading! Surely it was now their turn again.

I could not get either George or Harris to agree, though.
So, to save argument, I took the oars and rowed us up to
Streatley.

Około jedenastej Reading ukazało się naszym oczom. Rzeka jest w tym miejscu brzydka i brudna, ale na szczęście na śluzie spotkaliśmy łódź parową, należącą do moich przyjaciół, którzy wzięli nas na hol. Doholowali nas do miejsca znajdującego się w odległości mili od Streatley.

Bycie holowanym przez łódź parową jest czymś cudownym, znacznie przyjemniejszym, moim zdaniem, od wiosłowania. Byłoby to jeszcze bardziej cudowne, gdyby nie całe mnóstwo małych łódek, które ciągle wchodziły w drogę naszemu parowcowi. Nie ma nic bardziej irytującego; coś powinno się z tym zrobić.

Możesz sobie gwizdać, aż prawie pęka ci kocioł, zanim zadadzą sobie trud, żeby się pospieszyć. Gdyby to ode mnie zależało, chętnie od czasu do czasu staranowałbym jedną czy dwie, żeby dać im nauczkę.

Łódź moich przyjaciół doholowała nas do miejsca poniżej groty i wtedy Harris zaczął mi wmawiać, że teraz jest moja kolej na wiosłowanie. Wydawało mi się to absolutnie nielogiczne. Ustaliliśmy rano, że odcinek, przez który będę ciągnął łódź, kończy się trzy mile za Reading. A teraz byliśmy dziesięć mil za Reading! Z całą pewnością teraz była ich kolej.

Nie zdołałem jednakże przekonać ani Harrisa, ani George'a. Tak więc, aby uniknąć kłótni, chwyciłem za wiosła i ruszyłem w górę rzeki do Streatley.

VII. A TOAST TO THE END

We stayed two days at Streatley and got our clothes washed. We had tried washing them ourselves in the river, and it had been a failure. We were worse off after we had washed our clothes than we were before. Before we had washed them, they had been very, very dirty, but they were wearable. AFTER we had washed them – well, the river between Reading and Henley was much cleaner than it was before. All the dirt contained in the river between Reading and Henley, we collected into our clothes during that wash.

The neighbourhood of Streatley and Goring is a great fishing centre. There is some excellent fishing to be done here. Some people sit and fish all day, but they never catch anything. I never knew anybody to catch anything up the Thames, except dead cats, but that has nothing to do with fishing! The local fisherman's guide doesn't say a word about catching anything. All it says is the place is "a good place for fishing".

George and I and the dog went for a walk to Wallingford on the second evening, and on the way back, we stopped at a little river-side inn. There was an old fellow there smoking a pipe, and we naturally began talking.

He told us that it had been a fine day today, and we told him that it had been a fine day yesterday, and then we all told each other that we thought it would be a fine day tomorrow.

Then there was a pause in the conversation, during which time we looked round the room. Then we saw a dusty old glass-case above the chimney containing a trout. It amazed me, that trout; it was such a monstrous fish.

"Ah!" said the old gentleman, "fine fellow that, ain't he? Eighteen pounds six ounces he weighed," said our friend as he got up.

"Yes," he continued, "it was sixteen years ago that I caught him. You don't see many fish that size about here now. Goodnight, gentlemen."

VII. TOAST
NA ZAKOŃCZENIE

Spędziliśmy dwa dni w Streatley i daliśmy nasze rzeczy do prania. Wcześniej próbowaliśmy wyprać je sami w rzece, ale zakończyło się to całkowitą klęską. Po praniu było jeszcze gorzej niż przed nim. Przedtem nasze ubrania były bardzo, bardzo brudne, ale nadawały się do noszenia. PO PRANIU – no cóż, odcinek rzeki pomiędzy Reading i Henley stał się znacznie bardziej czysty niż wcześniej. Cały brud, który tam się znajdował, był teraz w naszych ubraniach.

Okolice Streatley i Goring to wielkie centrum wędkarskie. Można tam sobie fantastycznie powędkować. Niektórzy ludzie siedzą i łowią cały dzień, ale nigdy nie udaje im się nic złapać. Nie znam nikogo, kto złowiłby w Tamizie cokolwiek oprócz zdechłych kotów, ale ten fakt nie ma nic wspólnego z wędkowaniem! W lokalnym przewodniku wędkarskim nie ma ani słowa o złowieniu czegokolwiek. Stwierdza on jedynie, że „jest to dobre miejsce do wędkowania".

Drugiego wieczoru George, ja i pies poszliśmy na spacer do Wallingford i w drodze powrotnej zatrzymaliśmy się w małej nadrzecznej gospodzie. Był tam jeden starszy facet palący fajkę; wywiązała się między nami rozmowa.

Powiedział, że piękny mieliśmy dzisiaj dzień, a my odpowiedzieliśmy, że wczoraj też było pięknie, po czym wspólnie wyraziliśmy opinię, że jutrzejszy dzień będzie taki sam.

Potem nastąpiła przerwa w konwersacji, więc zaczęliśmy rozglądać się po sali. Wtedy zauważyliśmy nad kominkiem szklaną gablotkę, starą i zakurzoną, a w niej pstrąga. Ryba była tak monstrualnie wielka, że nie mogłem wyjść ze zdumienia.

– Niezła sztuka, prawda? – powiedział stary. – Ważył osiemnaście funtów i sześć uncji – dodał, podnosząc się z miejsca. – Tak – ciągnął – złapałem go szesnaście lat temu. Teraz nie zobaczycie tutaj zbyt wielu ryb takiej wielkości. Dobranoc, panowie.

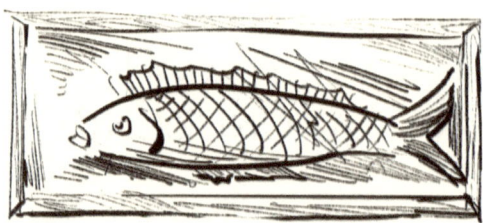

And out he went and left us alone.

We could not take our eyes off the fish after that. We were still looking at it when another man, who had just stopped at the inn, came to the door of the room and also looked at the fish.

"Good-sized trout, that," said George, turning round to him.

"Ah!" replied the man. "Maybe you weren't here, sir, when that fish was caught?"

"No," we told him. We were strangers in the neighbourhood.

"It was nearly five years ago that I caught that trout" he said. "I caught him just below the lock one Friday afterno-on. He weighed twenty-six pound. Goodnight, gentlemen, goodnight."

Five minutes afterwards, a third man came in and descri-bed how he had caught it early one morning. When he left, another middle-aged man came in and sat down over by the window.

After a few minutes George turned to the man and said: "I beg your pardon, but my friend here and I would like to know how you caught that trout up there."

"Why, who told you I caught that trout!" he said.

We said that nobody had told us so, but somehow or other we thought that it was he who had done it.

"Well, it's a most incredible thing," answered the stran-ger, laughing, "because, as a matter of fact, you are quite right. I did catch it."

And then he went on and told us how it had taken him half an hour to catch it, and how it had broken his fishing--rod. He said he had weighed it carefully when he got home, and it weighed thirty-four pounds.

Po czym wyszedł i zostawił nas samych.

Nie mogliśmy po tej całej opowieści oderwać wzroku od ryby. Ciągle się w nią wpatrywaliśmy, kiedy wszedł do gospody kolejny mężczyzna, zbliżył się do drzwi i również popatrzył na rybę.

– Spory pstrąg – rzekł George, odwracając się w jego stronę.

– O tak! – odpowiedział mężczyzna. – Nie było pana tutaj, kiedy złowiono tę rybę?

– Nie – powiedzieliśmy. Byliśmy obcy w tej okolicy.

– To już prawie pięć lat, jak złowiłem tego pstrąga – oznajmił. – Złapałem go poniżej śluzy pewnego piątkowego popołudnia. Ważył dwadzieścia sześć funtów. Dobranoc, panowie, dobrej nocy.

Pięć minut później pojawił się trzeci mężczyzna i opisał, jak to złapał tę rybę pewnego wczesnego poranka. Po jego wyjściu kolejny jegomość w średnim wieku wszedł do środka i usiadł przy oknie.

Po kilku minutach George zwrócił się do niego z pytaniem:

– Przepraszam pana bardzo, ale mój przyjaciel i ja chcielibyśmy wiedzieć, jak pan złapał tego pstrąga, tam, u góry.

– A kto wam powiedział, że to ja go złapałem?! – zdziwił się mężczyzna.

Odpowiedzieliśmy, że nikt nam o tym nie powiedział, ale z jakiegoś powodu pomyśleliśmy, że to właśnie on jest osobą, która tego dokonała.

– To niesamowite – powiedział nieznajomy ze śmiechem – bo, rzeczywiście, macie rację, ja go złowiłem.

I opowiedział nam historię, jak to przez pół godziny łapał tego pstrąga, i jak to złamała mu się przy tym wędka, i jak dokładnie go zważył po powrocie do domu, i że pstrąg ważył trzydzieści cztery funty.

When he was gone, the landlord came in to us. We told him the various stories we had heard about his trout, and he was very amused, and we all laughed loudly.

"I can't believe they all told you that they had caught it. Ha! ha! ha! Well, that is good," said the honest old fellow.

And then he told us the real history of the fish. It seemed that HE had caught it himself, years ago, when he was quite young.

He was called out of the room a minute later, and George and I again looked at the fish.

It excited George so much that he climbed up on the back of a chair to get a better view of it.

Kiedy sobie poszedł, podszedł do nas właściciel gospody. Opowiedzieliśmy mu wszystkie te rozmaite historie, które usłyszeliśmy o pstrągu, i bardzo go to rozbawiło. Wszyscy zresztą śmialiśmy się w głos.

– Nie mogę uwierzyć, że wszyscy wam powiedzieli, że to oni go złapali. – Ha! Ha! Ha! To dobre! – śmiał się stary poczciwiec.

Po czym opowiedział nam prawdziwą historię ryby. Okazało się, że to ON we własnej osobie ją złowił, lata temu, kiedy był jeszcze młody.

Chwilę później ktoś wywołał go z sali, a my z George'em popatrzyliśmy jeszcze raz na rybę.

George był nią tak zafascynowany, że wdrapał się na krzesło, żeby ją dokładniej obejrzeć.

And then the chair slipped. George grabbed wildly at the trout-case to save himself, and down it came with a crash.

"You haven't injured the fish, have you?" I cried in alarm.

"I hope not," said George, looking about.

But he had. That trout lay broken into a thousand pieces.

We thought it strange that a stuffed trout should break up into little pieces like that.

And so it would have been strange, if it had been a stuffed trout, but it was not.

That trout was made of plaster.

We were up early the next morning, as we wanted to be in Oxford by the afternoon, and we were through Clifton Lock by half-past eight.

We passed through Iffley Lock at about half-past twelve, and then, having cleaned up the boat and made everything ready for landing, we set to work on our last mile.

Between Iffley and Oxford is the most difficult bit of the river I know. I have been over it a few times, but I have never been able to get the hang of it. First the river pushes you on to the right bank and then on to the left, then it takes you out into the middle, turns you round three times, and carries you up stream again. Of course, because of this, we get in the way of many other boats and they get in our way. And of course a good deal of bad language is said.

I don't know why it is, but everybody is always so irritable on the river. When another boat gets in my way, I feel I want to take an oar and kill all the people in it.

The calmest people, when on land, become violent and bloodthirsty when in a boat.

We spent two very pleasant days at Oxford. There are plenty of dogs in the town of Oxford. Montmorency had eleven fights on the first day and fourteen on the second.

The weather changed on the third day, and we started from Oxford upon our journey home in the rain.

The river, when there is sunlight flashing on the water, is a beautiful stream. But the river, when it is cold and rain--drops are falling, is an evil place.

We rowed all day through the rain, and we pretended, at first, that we enjoyed it. Indeed, Harris and I were quite

A wtedy krzesło się spod niego wysunęło i George, żeby się ratować przed upadkiem, chwycił gwałtownie gablotę z pstrągiem, a ta runęła w dół z łomotem.

– Nie uszkodziłeś ryby, co? – krzyknąłem zaniepokojony.

– Mam nadzieję, że nie – rzekł George, rozglądając się. Ale zrobił to. Pstrąg leżał rozbity na tysiąc kawałków.

Wydało nam się dziwne, że wypchana ryba może się rozbić na tak małe kawałeczki.

Otóż byłoby to dziwne, gdyby pstrąg był istotnie wypchany, ale tak nie było.

Pstrąg był gipsowy.

Następnego dnia wstaliśmy wcześnie rano, ponieważ chcieliśmy dotrzeć do Oksfordu na popołudnie. O wpół do dziewiątej minęliśmy Clifton Lock.

Około wpół do pierwszej przepłynęliśmy przez Iffley Lock, po czym, po wysprzątaniu łodzi i przygotowaniu się do przybicia do brzegu, zabraliśmy się do pokonania ostatniej mili.

Pomiędzy Iffley i Oksfordem znajduje się najtrudniejszy odcinek rzeki, jaki znam. Byłem tam już kilka razy, ale nigdy nie byłem w stanie tego opanować. Najpierw nurt spycha cię na prawy brzeg, potem na lewy, następnie na sam środek, po czym obraca cię dokoła trzy razy, by potem znów ponieść cię w górę rzeki. Oczywiście z tego powodu cały czas wchodzimy w drogę wielu innym łodziom, a one wchodzą w drogę nam. I, oczywiście, pada przy tym bardzo dużo brzydkich słów.

Nie wiem czemu, ale na rzece wszyscy są zawsze bardzo rozdrażnieni. Gdy jakaś inna łódź wchodzi mi w drogę, mam ochotę chwycić wiosło i pozabijać wszystkich, którzy w niej są.

Nawet najspokojniejsi na lądzie ludzie, gdy znajdą się na łodzi, stają się agresywni i żądni krwi.

Spędziliśmy w Oksfordzie dwa bardzo przyjemne dni. W mieście tym jest mnóstwo psów. Montmorency w pierwszym dniu stoczył jedenaście walk, a w drugim czternaście.

Na trzeci dzień zmieniła się pogoda i naszą podróż do domu rozpoczęliśmy w deszczu.

Rzeka, kiedy światło słońca odbija się w jej wodach, jest przepiękna. Ale ta sama rzeka, kiedy jest zimno i pada deszcz, staje się paskudnym miejscem.

Wiosłowaliśmy cały dzień w deszczu i na początku udawaliśmy, że się nam to podoba. Rzeczywiście, Harris i ja byliśmy

enthusiastic about the business and tried singing songs –
for the first few hours. George was more serious and stayed underneath the umbrella.

We put up the cover before we had lunch and kept it up
all afternoon, just leaving a little space in the bow, from
which one of us could keep a look-out. In this way we
made nine miles, and pulled up for the night a little below
Day's Lock.

I cannot honestly say that we had a merry evening. The
rain poured down constantly. Everything in the boat
was wet and cold, and supper was not a success. Cold
veal pie, when you don't feel hungry, is not very good,

bardzo entuzjastycznie nastawieni do tematu i próbowaliśmy nawet śpiewać pieśni – przez pierwszych kilka godzin. George był poważniejszy i siedział cały czas pod parasolem.

Przed lunchem rozłożyliśmy nasze płócienne zadaszenie, zostawiając tylko niewielki otwór na dziobie, dzięki któremu jeden z nas mógł stać na tak zwanym oku i obserwować drogę. W ten sposób przebyliśmy dziesięć mil, po czym zatrzymaliśmy się na noc nieco poniżej Day's Lock.

Muszę uczciwie przyznać, że nie mieliśmy wesołego wieczoru. Deszcz nie przestawał padać. Wszystko na łodzi było mokre i zimne; kolacja również nie okazała się sukcesem. Zimny pieróg z cielęciną nie należy do najsmaczniejszych, kiedy

so Harris passed the rest of his pie to Montmorency, who refused it, and, apparently insulted by the offer, went and sat over at the other end of the boat by himself.

After that, we poured ourselves some whisky and sat round and talked. George told us about a man he had known, who had come up the river two years ago, and who had slept out in a wet boat on just such a night as this was, and it had given him a fever, and nothing was able to save him, and he had died in great pain ten days afterwards.

That reminded Harris of a friend of his who had slept out under canvas one wet night down at Aldershot, "on just such a night as this," said Harris. The man had woke up in the morning a cripple for life.

The second day was exactly like the first. The rain continued to pour down, and we sat, wrapped up in our coats, underneath the canvas, and drifted slowly down.

At one point we all agreed that we would go through with this job to the very end. We had come out for a fortnight on the river, and a fortnight on the river we meant to have. Even if it killed us! Well, that would be a sad thing for our friends and relations, but it could not be helped.

At about four o'clock we began to discuss our arrangements for the evening. We were a little past Goring at that point, and we decided to go on to Pangbourne and stay there for the night.

„Another merry evening!" murmured George.

We sat and thought about it. We should be in at Pangbourne by five. We should finish dinner at, say, half-past six. After that we could walk about the village in the pouring rain until bed-time.

"Why, the Alhambra would be more lively," said Harris, looking up at the sky.

"With a little supper at the – * to follow," I added.

[* A wonderful little restaurant, where you can get one of the best-cooked and cheapest little French dinners or suppers that I know of, with an excellent bottle of wine; and which I am not going to be idiot enough to advertise.]

"Yes, it's almost a pity we've made up our minds to stay in this boat," answered Harris.

nie jesteś głodny, więc Harris podał resztę swojej porcji Montmorency'emu, który odmówił i, najwyraźniej urażony tą propozycją, poszedł sobie i usiadł samotnie na drugim końcu łodzi.

Nalaliśmy sobie whisky, usiedliśmy i zaczęliśmy rozmawiać. George opowiedział nam o człowieku, którego znał, a który dwa lata temu wyruszył w górę rzeki, i który spał na mokrej łodzi w taką właśnie noc jak dzisiejsza, co sprawiło, że dostał gorączki i nic już nie mogło go uratować, i umarł, cierpiąc straszliwie, dziesięć dni później.

To przypomniało Harrisowi o przyjacielu, który również spał na łodzi pewnej deszczowej nocy w Aldershot.

– W taką właśnie noc jak dzisiejsza – powiedział Harris. Ten przyjaciel obudził się rano jako kaleka i pozostał nim do końca życia.

Kolejny dzień był dokładnie taki sam. Ciągle padał ulewny deszcz, a my siedzieliśmy, owinięci w płaszcze, pod płóciennym dachem, i prąd unosił nas powoli w dół.

Zgadzaliśmy się co do jednego, że doprowadzimy nasze zadanie do samego końca. Wyruszyliśmy na rzekę na dwa tygodnie i tyle mieliśmy zamiar na niej spędzić. Nawet gdyby miało nas to zabić! No cóż, zasmuciłoby to naszych przyjaciół i krewnych, ale nic nie mogliśmy na to poradzić.

Około czwartej zaczęliśmy omawiać plany na wieczór. Właśnie zostawiliśmy za sobą Goring i postanowiliśmy dopłynąć do Pangbourne i tam zanocować.

– Kolejny wesoły wieczór! – mruknął George.

Usiedliśmy i zaczęliśmy się zastanawiać. Powinniśmy być w Pangbourne przed piątą. Obiad skończymy, powiedzmy, o wpół do siódmej. Potem możemy spacerować po mieście w ulewnym deszczu, zanim pójdziemy spać.

– Wiecie co, Alhambra byłaby weselszym miejscem – powiedział Harris, patrząc w niebo.

– A potem mała kolacyjka w...* – dodałem.

[*cudowna mała restauracyjka, w której można dostać jedne z najlepiej przyrządzonych i najtańszych francuskich obiadów i kolacji, jakie znam, z butelką wyśmienitego wina, i byłbym idiotą, gdybym ją tutaj reklamował]

– Tak, szkoda, że postanowiliśmy zostać na łodzi – stwierdził Harris.

"If we HADN'T made up our minds to die in this old coffin," said George, looking over the boat with hatred, "it might be worth while to mention that there's a train that leaves Pangbourne soon after five, which would put us in town in time to get dinner and then go on to the place you mentioned afterwards."

Nobody spoke.

Twenty minutes later, three figures, followed by a dog, might have been seen walking quietly from the boat-house at the "Swan" towards the railway station, dressed in the following clothes:

Black leather shoes – dirty; suit of clothes – very dirty; coat – very wet; umbrella.

We reached Paddington at seven and drove directly to the restaurant I have described before, where we ate a light meal, left Montmorency, together with suggestions for a supper to be ready at half-past ten, and then continued our way to Leicester Square.

We attracted a good deal of attention at the Alhambra. When we got to the paybox, we were informed that we were half-an-hour behind our time.

We convinced the man, with some difficulty, that we were NOT "the famous acrobats from the Himalaya Mountains", and he took our money and let us in.

Inside we were a still greater success. Our fine clothes were admired by everyone.

It was a proud moment for us all.

– Gdybyśmy NIE POSTANOWILI umrzeć w tej starej trumnie – powiedział George, patrząc na nasza łódź z nienawiścią – warto byłoby wspomnieć, że jest pociąg, który wyjeżdża z Pangbourne zaraz po piątej, i który zawiezie nas do miasta na czas, tak żebyśmy mogli zjeść obiad, a potem pójść do miejsca, o którym wspomniałeś.

Nikt się nie odezwał.

Dwadzieścia minut później można było zobaczyć trzy postacie i psa, opuszczające hangar dla łodzi „Swan" i idące spokojnie w kierunku stacji kolejowej, a ubrane następująco: czarne skórzane buty – brudne; ubranie – bardzo brudne; płaszcz – bardzo mokry; parasol.

Dotarliśmy na Paddington o siódmej i pojechaliśmy prosto do opisanej przeze mnie wcześniej restauracji, gdzie zjedliśmy lekki posiłek, zostawiliśmy Montmorency'ego i wskazówki co do kolacji, która miała być gotowa na wpół do jedenastej. Potem ruszyliśmy dalej na Leicester Square.

W Alhambrze wszyscy zwracali na nas dużą uwagę. Mężczyzna przy kasie powiedział nam, że jesteśmy pół godziny spóźnieni.

Kiedy z trudem przekonaliśmy go, że NIE JESTEŚMY „słynnymi akrobatami z Himalajów", wziął od nas pieniądze i wpuścił nas do środka.

W środku odnieśliśmy jeszcze większy sukces. Wszyscy podziwiali nasze wspaniałe stroje.

Odczuwaliśmy ogromną dumę.

We left soon after the first ballet and made our way back to the restaurant, where supper was waiting for us.

I must confess to enjoying that supper. For about ten days we seemed to have been living, more or less, on nothing but cold meat, cake and bread and jam. There had been nothing exciting about it. The smell of Burgundy, and the smell of French sauces, and the sight of clean napkins was a wonderful experience. After a while, we felt good, and thoughtful, and forgiving.

Then Harris, who was sitting next the window, looked out upon the wet street.

"Well," he said, reaching his hand out for his glass, "we have had a pleasant trip, but I think we did well to quit when we did. Here's to Three Men well out of a Boat!"

And Montmorency, standing on his back legs looking out the window, gave a short bark of approval with the toast.

Wyszliśmy po pierwszym występie i wróciliśmy do restauracji, gdzie nasza kolacja już na nas czekała.

Muszę przyznać, że kolacja sprawiła mi ogromną przyjemność. Przez dziesięć dni żywiliśmy się w mniejszym lub większym stopniu jedynie zimnym mięsem, ciastem, chlebem i dżemem. Nie było w tym nic podniecającego. Zapach burgunda i francuskich sosów, widok czystych serwetek były cudownym doświadczeniem. W jednej chwili poczuliśmy się dobrzy, życzliwi i wyrozumiali.

Harris, który siedział przy oknie, popatrzył na mokrą ulicę.

– No cóż – powiedział, wyciągając rękę po kieliszek – mieliśmy przyjemną podróż, ale uważam, że zrezygnowaliśmy z niej w odpowiednim momencie. Za Trzech Panów Już Nie W Łódce!

A Montmorency, który stał na tylnych łapach i wyglądał przez okno, szczeknął aprobująco.

CONTENTS

SPIS TREŚCI

Wszystkie tytuły z serii *Czytamy w oryginale:*

Moby Dick – Moby Dick

Three Men in a Boat – Trzech panów w łódce

Dracula – Drakula

Lord Jim – Lord Jim

Three Men in Boat – Trzech panów w łódce

Robinson Crusoe – Robinson Crusoe

The Secret Garden – Tajemniczy ogród

The Adventures of Tom Sawyer – Przygody Tomka
Sawyera

The Adventures of Sherlock Holmes – Przygody
Sherlocka Holmesa

Alice's Adventures in Wonderland – Alicja w krainie
czarów

Treasure Island – Wyspa Skarbów

Gulliver's Travels – Podróże Guliwera

The Wonderful Wizard of Oz – Czarnoksiężnik
z Krainy Oz

White Fang – Biały Kieł

Sense and Sensibility – Rozważna i romantyczna

Pollyanna – Pollyanna

Peter Pan – Piotruś Pan

A Christmas Carol – Opowieść wigilijna

Więcej informacji na www.44.pl